项目管理一本通
（故事版）

云倩 —— 著

民主与建设出版社
·北京·

© 民主与建设出版社，2025

图书在版编目（CIP）数据

项目管理一本通：故事版 / 云倩著 . -- 北京：民主与建设出版社，2025.4. --ISBN 978-7-5139-4887-6

Ⅰ．F224.5-49

中国国家版本馆 CIP 数据核字第 2025T1E205 号

项目管理一本通（故事版）

XIANGMU GUANLI YIBENTONG GUSHI BAN

著　　者	云　倩
责任编辑	刘　芳
封面设计	新艺书文化
出版发行	民主与建设出版社有限责任公司
电　　话	（010）59417749　59419778
社　　址	北京市朝阳区宏泰东街远洋万和南区伍号公馆 4 层
邮　　编	100102
印　　刷	文畅阁印刷有限公司
版　　次	2025 年 4 月第 1 版
印　　次	2025 年 4 月第 1 次印刷
开　　本	787 毫米 ×1092 毫米　1/16
印　　张	17
字　　数	213 千字
书　　号	ISBN 978-7-5139-4887-6
定　　价	68.00 元

注：如有印、装质量问题，请与出版社联系。

推荐序
Recomendation

项目管理，越简单越好用

认识小友云倩，缘于一个咨询项目。2010年春夏之交，在美丽的南海之滨，那紧张、艰苦却不失愉快的三个月至今仍令人回味。尤其是在为客户赢得了国际声誉后，项目组的所有组员都很有成就感。也正是通过这个项目，我了解了这样一个身材娇小、面容年轻，但项目管理功力深厚、文字水平颇高的年轻同行。（其实两三年前我还听过她的讲座，可能听众较多，她已经完全不记得我了。）在整个项目期间，她跟我们几个男人一起早出晚归、加班熬夜，不但毫无怨言，反而主动承担了很多工作，让我这个项目组组长非常感动。后来我又找她合作过几次，成为不常联系的忘年交。

当云倩邀请我为这本书写推荐序时，我确实有过一丝犹豫：一来手头事情比较繁杂，怕不能及时交付；二来许久不动笔，多少有些生疏了……坦率地讲，犹豫的最主要原因还是觉得两人的经历、背景和知识结构差别比较大，担心说不到点子上。但在她的一再坚持下，我也就勉为其难地接受了。

一口气读完全书，多少有些出乎我的意料：书中没有多么优雅隽永的词汇（云倩的文字功底我已经见识过了，不愧是中文系科班出身），也没有讲出多么深奥的理论、提出多么新鲜的见解。恰恰相反，这是一本真正意义上的项目管理普及书。为了达到这个目标，她放弃了目前市场上项目管理专著普遍采用的讲求系统、全面、专业、引经据典的写作手法，而是以相对简单的年会项目为纲，串联了项目管理最基本的概念、理念、工具和技术，并联了若干人物，有知识，有范例，有故事，有感想，甚至有人物性格。真的很有意思！

合上书稿，我深感获益匪浅。以学院派的观点看，这本书也许不够专业，讲得实在很浅。但本书定位于向职场新人普及项目管理相关知识，我觉得这种架构和文风既别出心裁，又引人入胜，更合乎目前年轻人的快餐式消费心理。更何况，由浅入深易，由深入浅难，能把项目管理这么复杂的学科讲得如此清晰而简洁，本身就需要很深厚的知识功底，这也是一次不可多得的创新。

现在，一闭上眼睛，朱笑笑、伏龙腾、李鄂生等一个个人物就浮现在我的脑海中，若干经典场景如电视剧情节般历历在目。甚至，本书的开放式结尾还让我有点儿牵肠挂肚：朱笑笑接受新邀约了吗？梅胜男真会离开吗？安为善和张丽娜又将何去何从……但眼下，我决定不管他们了，先去吃我最爱的红烧肉，饱餐一顿！

项目管理专业人员能力评价专家评审委员会副主任委员

陈信祥

前 言
Preface

项目管理像做红烧肉一样简单

这本书一立项,我就给自己定下了"四不"原则。

第一,这不是一本学术著作。

读书是件快乐的事,它不仅能带给我们发现和顿悟的惊喜,也能通过或典雅或清新或朴素的文字,传递情感、思想,甚至表达生活态度。我不想坐而论道,而是希望本书能让你在轻松的氛围里,体验到快乐。

第二,这不是一本模板集。

一谈到要落地、实用,我们马上就会想到模板、表单一类的东西。然而,如果没有科学有效的流程、灵活机变的团队,这些看似实用的工具就只能束缚我们的思路。所以,我只会在必要的时候描述一个轮廓,不会提供具体细节。

第三,这不是一本小说。

本书虽然很多篇幅都像小说,有故事情节,有人物塑造,甚至还有一些职场规则方面的内容,但是它的定位依然不是一本纯粹意义上的小说。

第四，这也不是一个关于成功的励志故事。

成功是多种因素共同作用的结果，并且大多数成功无法复制，而失败却有其必然规律。本书无意记录难以再现的成功经验，而是通过一个虚构的、勉勉强强完成的项目，向大家展示若干教训。我希望这本书能够帮助大家在工作中少走些弯路。

那么，这本书是什么？

它是一本以故事为线索的项目管理说明书。

为了避免陷入业务和技术细节的困境，我选取年会这个通用型项目作为主线，从一个一线员工的视角，系统地讲解在一个完整项目中各个阶段的管理重点、相关术语概念及需要注意的风险与问题。

我为什么把项目管理比作红烧肉呢？很简单，因为项目管理就像炖红烧肉一样简单。

首先，越是复杂的系统越要用简单的方式来阐释，深入浅出才是专业能力的表现。

其次，一切皆项目，炖红烧肉也不例外。我特意为大家画了一些关于红烧肉项目的图表，以帮助大家理解。

最后，也是最重要的，红烧肉是美味的代表，衷心希望大家在阅读本书的时候，能有大快朵颐的快感。

如果大家看完之后说，"这个故事真有趣"，我会觉得很遗憾；但如果大家说，"这个故事教会了我如何管理项目"，我会大大地张开双臂——本书的目的达到了！

特别需要说明的是，项目管理不是一条线，而是一张纵横交错、循序渐进的网。在写作的时候，我只能以串联的方式来表达，那些并联的东西怎么办？这里特意提供了一张"地图"（如图1），帮助大家对本书结构有个全面的了解。

在阅读过程中，大家可能会有疑问，请把它记下来，并反馈给我。

同时，我相信，很多问题都能在本书其他地方找到答案。

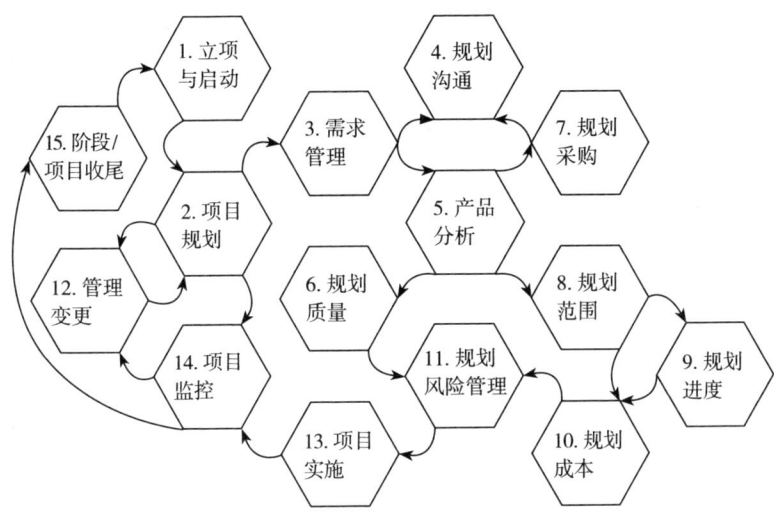

图 1　项目管理流程图

最后，感谢我的好友孟春燕，若不是她，我不会有勇气承担这个项目。感谢我的学员们，是他们提供了许多案例和想法。感谢我的老公Nicole，在他的全力支持下，我才能有毅力坚持下来。

好啦，请准备好零食和饮料，故事马上就要开始啦。

云倩

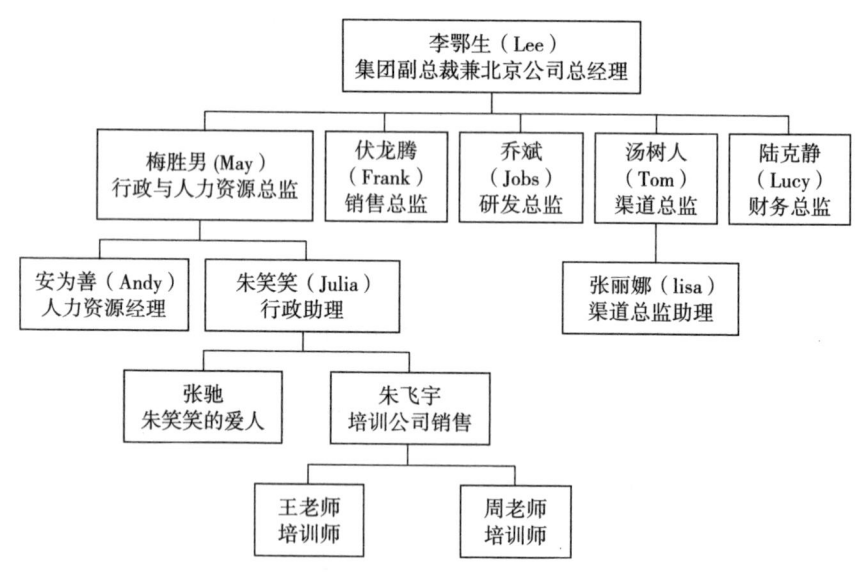

人物关系图

目 录
Contents

第1章　立项与启动——年会也是一个项目 / 001

> "Julia，年会的草案交给你来做。"
> 　什么？我?!朱笑笑的眼珠子差点儿掉到地上。没等她缓过神来，梅胜男又加了句："这个项目比较简单，一个工作日应该足够了。下周一下午五点前发给我看。"
> 　下周一下午五点！下周一下午五点！！梅胜男的声音化作一大群乌鸦，一遍遍在朱笑笑耳边聒噪地叫。

01　项目立项——又是一年年会时　/ 001
02　项目启动——怎么还是我　/ 007
03　项目章程——梅总的邮件　/ 010
04　项目经理的职责——为什么要负这么多责任　/ 015
05　可交付成果——什么叫项目成功　/ 019
06　项目目标——拿数据说话　/ 023

第2章　项目规划——做红烧肉也要有计划 / 028

> 眼看着朱笑笑又来抓自己的手，张驰赶紧说："我不是跟你耍贫嘴，我的意思是，做项目就像炖红烧肉。"

1

朱笑笑一下子怔住了："什么意思？"

张驰拉着她的手坐下来："你想啊，红烧肉不知道是谁发明创造的，但大家都在享用它的美味，而且每次做的时候多多少少都会根据自己的口味做些调整，这不正和项目的特点类似吗？既要传承过去，又要有所创新。"

01 管理经验与项目环境——做项目就像炖红烧肉 / 028

02 项目生命周期——做红烧肉也得提前规划 / 033

03 项目计划的逻辑——红烧肉项目计划就是 5W1H / 037

04 项目计划的结构——项目之法也是一整套 / 042

第 3 章 需求管理——筛选干系人的需求 / 045

"大家?! 谁是大家？"

听完朱笑笑的提问，安为善不禁一愣——这是什么问题？等搞明白了事情的来龙去脉，他忍不住点了点朱笑笑的额头："你呀！我给你的培训资料白看了，'大家'就是'干系人'哪。"

干系人？什么意思？朱笑笑根本想不起来这个概念了。

安为善轻叹了一口气："项目是人做的，也是为人做的，所以人对项目的影响非常巨大。在项目管理学科中有个术语——干系人（stakeholder，也译为相关方、利害关系者等），即和项目相关的人。"

01 什么是干系人——谁是"大家" / 045

02 发起人与项目负责人——谁是真正的老板 / 048

03 客户与用户——二者有什么区别 / 051

04 识别干系人——一个项目竟牵涉这么多人 / 054

05 什么是需求——没说出来的更重要 / 058

06 干系人排序——不可能让所有人都满意 / 062
07 需求分析——把相同的需求合并 / 066

第 4 章 规划沟通——沟通也要提前计划 / 071

> "你把年会的需求发给我,是想让我来取舍吗?"
> "没有,我只是想汇报一下这项工作的进展。"
> "可是你在邮件里并没有表达这个意思。你看,你写的原文是'梅总,这是我收集的需求,请审批',按我的理解,就是让我来取舍。"
> "我不是这个意思!我的本意是年会项目已经形成了这个文件,请您先看一下,计划我还在编写中,等写好了再发给您。"
> "可是你的邮件里并没有表达这层意思,而且使用了'审批'这个词。"

01 什么是沟通——不仅要沟,还要通 / 071
02 项目沟通计划——老总只做选择题 / 074
03 干系人的信息需求——不是问得越详细越好 / 077
04 项目状态报告——要及时更新 / 080

第 5 章 产品分析——怎么才能不掉链子 / 084

> 朱笑笑被问住了:"在您借我的那份产品发布会方案里,不就是把场地费、礼品费什么的加起来嘛,我也是这么算的呀。"
> 汤树人摆摆手:"不是不是。产品发布会只有半天,年会可是要开两三天呢,成本结构复杂得多,这是其一;其二,我的部门在产品发布会这块儿有预算,因为渠道是帮公司挣钱的,所以公司也愿意在这方面花些钱,可

年会能挣钱吗？"

朱笑笑小声嘟囔了一声："不能。"

"所以呀，你的项目不仅需要考虑'质优'，更得关注'价廉'。加上去年公司的效益不如往年，年会恐怕不能像产品发布会一样外包，你得自己操持了。"

01　产品分解图——管项目和做项目是两码事　/ 084
02　产品流程图——理顺各环节　/ 089

第6章　规划质量——有计划才有质量　/ 093

安为善摇着头："你不了解。ISO9000为什么能成为国际标准？那是因为它本来是源于制造行业多年实践的最佳惯例。它看起来烦琐，早期你可能会不习惯，但能严格按照它的要求来做，你就会慢慢发现它的好处了。"

"能有什么好处呢？"

"你想啊，它明确了质量的产生过程，详细到了每个环节、岗位，以及文档、信息。如果真能做到它要求的'写所需、做所写、记所做'这九个字，出现质量问题的概率是不是会大幅降低？即便出现质量问题，也能找到根源并杜绝下次再发生啊！"

01　什么是质量——为何宁可排长队也要吃海底捞　/ 093
02　质量指标——适用性　/ 096
03　质量成本——天下没有免费的午餐　/ 099
04　质量计划——质量是计划出来的　/ 102

第7章　规划采购——弄清楚想要什么　/ 106

"采购清单就是采购计划！"朱笑笑一副恍然大悟的神情。

目录

> 梅胜男一下子被她雷倒了："哪有那么简单？采购清单只是《采购管理计划》的一部分！"见朱笑笑还不明白，她干脆从书架上拿出公司的 ISO9000 文件汇编，翻到《采购控制程序》部分，递给朱笑笑："你自己看看吧！"
>
> 朱笑笑接过来一看，脸红到了脖子根儿，文件上写得明明白白的。

01 项目采购管理计划——让专业的人做专业的事 / 106
02 明确采购需求——大主意还得自己拿 / 110

第8章 规划范围——先划定一个范围标准 / 114

> 张丽娜笑了："从来就没有简单的项目。你这个清单只分析清楚了哪些工作可以外购、哪些需要自己动手，可是仍然不具有可操作性。"
>
> "为什么？"朱笑笑嘟着嘴问。
>
> "因为你根本没有清晰地界定项目范围。"
>
> "项目范围？"朱笑笑一下子愣住了。

01 什么是范围——明确要做哪些工作 / 114
02 工作分解结构——项目是一棵树 / 118
03 任务编码——什么都需要有个"身份证" / 123
04 责任分配矩阵——越直观，越好用 / 127

第9章 规划进度——项目进度由什么决定 / 133

> 梅胜男拍了拍朱笑笑的肩膀："对牛弹琴！李总这么重视年会，能不抄送给他吗？他能出面帮你说话，你省多少事儿！记得，做项目要善用资源。"
>
> "李总也是资源吗？"

5

> "高管的支持，是项目最重要的资源。而时间，是最最稀缺的资源。下周你务必拿出个时间计划来！"

01 项目进度——领导的支持是最重要的资源 / 133
02 网络图——做事要有清晰的逻辑 / 136
03 资源日历——信任是双向的，要懂得授权 / 144
04 关键路径——抓住项目红线 / 147

第 10 章 规划成本——每个项目成本要全面核算 / 154

> "成本有很多种，除了我们为某件事付出的金钱之外，时间是不是最大的成本？除此之外，我们还可能为此错失某些机会、得罪某些人，这些都是成本。"
>
> 朱笑笑从来没想过，原来成本不单单是钱哪。她好奇地问道："那该怎么计算这些成本呢？"
>
> 安为善挨个儿解释道："时间可以折算为相关人员的工资，机会可以用合同额或利润额算，而与他人的关系嘛，恐怕就很难用数字说清楚了。"

01 全生命周期成本——换人的隐性成本竟然这么高 / 154
02 主要成本类别——工作和留学的选择 / 159
03 成本基线——要清楚在什么时间、花多少钱 / 167

第 11 章 规划风险管理——无论做什么事，总伴随风险 / 172

> 张驰宽容地笑了："不管他人如何，我们都必须做好自己该做的事。风险是项目的常态，而人，是项目的最大风险哪！"
>
> 咦？又是风险。"到底什么是风险呢？"朱笑笑问道。

目 录

> "在许多人的心目中,风险是个带有较强消极含义的词,一听到这个词,第一反应就是逃跑。但在项目管理学科中,它是个中性词,其定义特别强调两点:风险是不确定的,这种不确定因素对项目有影响。"

01　风险和风险管理计划——可以刺激,但不要惊险　/ 172
02　风险识别与评估——唐太宗的三面镜子　/ 182
03　风险应对计划——大事化小,小事化了　/ 187

第12章　管理变更——计划不是一成不变的　/ 193

> "不变就不叫项目了。"梅胜男淡淡地说,"而是否能灵活有效地应对变更,才是对项目经理能力的真正考验!"
>
> "可这、这、这变得也太快太突然了!一下子提前了两周时间!谁说的啊,咋能想变就变呢?"朱笑笑使劲儿咬着嘴唇,才把"坑爹啊!我可怎么办啊"这句话生生咽了回去。
>
> 梅胜男直视着朱笑笑的眼睛:"不管是谁说的,你已经得到了正式通知。你现在要做的,不是坐在这儿惊惶失措、怨天尤人,而是马上制订措施,并立即去做!立刻,现在,马上!"

01　变更时机与流程——变化是项目常态　/ 193
02　基线与允差——目标值要模糊一点儿　/ 196
03　项目约束条件——多快好省要不得　/ 199
04　项目优化——时间是海绵里的水　/ 203
05　配置管理——更新要及时　/ 208

7

第13章　项目实施——意外在所难免 / 215

> 朱笑笑皱起鼻子重重地哼了一声："难怪现在越来越多的服务企业公开招募志愿者，包吃包住，让他们帮自己找问题呢。自己员工就是护短！"
>
> "也不一定。"张驰又开始发挥他那研发人员的缜密思维，"也许是因为'一直如此'就容易视而不见吧。"
>
> 朱笑笑点点头："嗯，要是整个团队都这样做，可能其中的人就发现不了问题了。不管怎样，我这次体验的结论是'很不满意'，我要投诉他们。"

01　项目辞典——项目的牵扯面真大　/ 215

02　质量保证——当一回神秘顾客　/ 217

第14章　项目监控——自己要监控自己 / 222

> "搞什么啊?！把我们公司的口号都印错了！我一再跟你们强调，是'敏捷'的'敏'字左边儿加上'流动'的'流'字右边儿的'毓'，怎么还是印成了'教育'的'育'？上过学没有啊！不识字儿就说嘛……"
>
> 送货的人起初还想笑着解释解释，结果被朱笑笑一顿唇枪舌剑，根本插不上嘴，干脆走开打电话去了。朱笑笑一看这情形，更是气不打一处来，抄起手机就找印刷公司的业务员，居然关机！

01　闭环管理——PDCA 循环为质量管理导航　/ 222

02　风险监控——须臾不可懈怠　/ 225

第 15 章 阶段／项目收尾——一件事做完了，总要有个说法 / 231

> "至于我……"梅胜男低头想了想，像是下了很大决心似的，抬起头来，一字一句地说，"我可能要离开公司了。"
>
> "啊？"朱笑笑往前一蹿，差点儿把椅子碰倒了，引来一片诧异的目光。
>
> "近一年来，我常常不在公司，我知道你们有许多怨言。"梅胜男摆了摆手，示意朱笑笑不必否认，"其实，是我家里出了点儿事儿——我父亲患上了绝症，我一直在想尽办法为他求医。"

01 　阶段审核——没时间永远是借口　/ 231

02 　阶段验收——做项目要有结果　/ 236

03 　项目总结——成败自有公论　/ 242

04 　项目后评估——故事远未结束　/ 246

第1章

立项与启动——年会也是一个项目

01 项目立项——又是一年年会时

灿烂的阳光斜斜地照在脸上,天蓝得能滴下水来,白云如棉花糖般拖着丝丝尾羽。在这样一个完美的午后,朱笑笑的心情好到了极点,眼看着圣诞节马上就要到了,然后就是元旦,之后是春节、元宵节,中间还有腊八、小年等在中国传统习俗中具有特殊意义的日子。这期间不仅工作日少,而且还能拿年终奖(这可是她的第一笔奖金哦),真是太美了!想着想着,朱笑笑不由得乐出了声。

"嗡嗡嗡嗡……"

"喂,你好!"

"不认真工作,傻笑什么?来我办公室一下。"

顶头上司、行政与人力资源总监梅胜男的声音把朱笑笑拉回了现实。她吐了一下舌头,碎步跑到梅胜男的座位前,小心翼翼地问:"梅总,您找我?"

梅胜男眼皮都没抬:"经理办公会十分钟后开,你赶紧去准备一下。"COSYS(克塞斯公司的英文简称)规定,每周五下午召开经理办公会,沟通各部门工作情况,以及时解决问题。作为行政助理,朱笑笑很自然地被指派为会议记录人员，专门负责整理和分发会议纪要。

眼看着预定议程都结束了，集团副总裁兼北京公司总经理李鄂生说："今天的会议就到这儿吧，大家还有什么问题吗？"

总监们已经开始收拾东西，梅胜男却开口了："有！马上就到年末了，公司年会应该提上议事日程了。虽然本次办公会的议程上没有这一项，但是春节在一月底，时间还是比较紧的，所以我想在这里讨论一下。"

李鄂生点了点头："是啊，你不说我都把这事儿给忘了，是该商量一下。龙腾，你有什么建议？"

伏龙腾是公司的销售总监，在所有总监中年纪最小，脾气却是最大的。销售出身的李鄂生对此不以为意，常说："销售是龙头，没有销售，你们都得喝西北风！"别的总监心里虽有不满，嘴上却也不好再说什么。

伏龙腾一直觉得这个经理办公会压根儿没必要开，何况晚上还约了个客户，就不耐烦地说："连个草案都没有，讨论个啥子嘛。"

李鄂生环视了一下，发现其他总监也都是心不在焉的神情，于是对梅胜男说："也对。May（梅胜男的英文名），你准备个草案，下次会上再讨论吧。散会！"

众人像听到了特赦令，立马起身离开。

由于今天必须把会议内容整理出来发送给相关人员，朱笑笑回到座位上继续工作。梅胜男款款走来，拍了拍朱笑笑座位边的隔板："Julia（朱笑笑的英文名），年会的草案交给你来做。"

什么？我?! 朱笑笑的眼珠子差点儿掉到地上。没等她缓过神来，梅胜男又加了句："这个项目比较简单，一个工作日应该足够了。下周一下午五点前发给我看。"

第 1 章　立项与启动——年会也是一个项目

下周一下午五点！下周一下午五点！！梅胜男的声音化作一大群乌鸦，一遍遍在朱笑笑耳边聒噪地叫。

朱笑笑沮丧地踢着边柜，嘴里嘟囔着："组织年会明明是行政经理的工作，干吗塞给我？那个职位都空缺半年了，我看她也不打算招人了……还好意思说什么简单，简单不会自己做啊！我够忙的了，再说我也没做过呀！大周末的，这不明摆着要无偿占用我的私人时间嘛，还让不让人活了！悲催呀……"

坐在隔壁工位的人力资源经理安为善从没见过朱笑笑这副神情，敲了敲两人之间的隔板，奇怪地问："小朱，梅总批评你了？"

朱笑笑半转过身子噘了噘嘴说："批评我倒好了呢！梅总让我写年会的草案，说下周一下午交。这可是行政经理的职责，跟我有一毛钱的关系吗？我一个小小的行政助理，既没这个资格，也没这个能力呀。再说了，去年都是 Kay（公司之前行政经理的英文名）做的，我只协助工作，鬼知道怎么写呀，她倒是上嘴皮一碰下嘴皮……"说着说着，朱笑笑不由得红了眼圈儿。

安为善一边递过去一张面巾纸，一边热烈地道贺："好事儿啊！梅总把这个项目交给你这个几乎没有任何经验的小丫头，是对你莫大的信任哪，你怎么还不高兴呢？"

朱笑笑委屈得真要哭出来了："信任什么呀！我明明不会，还偏偏要我做，而且事先也不打招呼，有这样的信任吗？"

安为善摇摇头，无奈地笑了："谁是天生就会做项目的？还不都是一点一滴地学习实践，一路摸爬滚打过来的。你会骑自行车吧？"骑自行车？这和年会有什么关系？朱笑笑不明白，但被安为善的语气吸引，轻轻地点了点头。

安为善抬了抬眉毛："那你学骑车的时候，有没有摔倒过？"

朱笑笑吸了吸鼻子："谁学骑车不摔跤呀？否则，那不成妖精了？"安为善一拍桌子："就是嘛！摔跤就是学会骑车的成本，不付出这个代价，怎么能获得新技能呢？为什么小孩子学东西特别快？是因为他们有不怕疼的精神！"

不怕疼的精神？对呀！年纪大的人总是说自己老了，学不动了，其实就是怕疼嘛。之前特别不能理解，那么简单的手机功能，老妈怎么就是学不会呢？原来是怕"被年轻人笑话"这个"疼"啊！想到这里，朱笑笑由衷地点了点头。

安为善继续说道："既然你知道组织年会是个难得的机会，还这么怨天尤人，是不是也犯了怕疼的毛病？"

朱笑笑不好意思地低下头，小声嘟囔道："怕疼是人的天性嘛。"沉思了一下，她又抬起头来，已换了一副跃跃欲试的表情，"但我还是要试一试！不过老安，我有一个问题，这年会怎么就成了个项目呢？不就是一群人吃吃喝喝嘛。"

安为善笑了："当然是项目啊！按照PMI（美国项目管理协会）的定义，所谓项目，就是'为创造独特的产品、服务或成果而进行的临时性工作'，其中，'临时性'有时也叫作'一次性'，意思是项目是有始有终的任务，不是成功就是失败。'临时性'是项目的本质特征，而那些可以反复进行的、失败了可以补救的工作则称为'运营'。你想想，年会是不是有始有终，不是成功就是失败？"

朱笑笑沉吟了一下，仍有疑惑地问："可任何事情都可以这样看哪，那岂不是所有的事情都是项目了？"

安为善脸上的笑纹更深了："所以才有'一切皆项目'的说法啊！"看到朱笑笑迷茫的表情，安为善又补充道，"你如果把所有事情都视作项目，确实会使简单问题复杂化，所以一般来说，简单的工作就不必当作项目了。不过，你如果能自觉地按照项目管理模式来进行管理的话，效率会更高，效果会更好。"

朱笑笑说："可年会很简单呀，每年都这样，为什么还要当成项目呢？"

安为善收敛笑容："首先，年会虽然每年都开，但每次的主题、议程、地点及与会人员等都不一样，因而你不能照搬以前的模式来组织它。这其实就是项目的另一大特点——独特性，即每个项目都是不一样的。其次，你以为举办年会就是吃吃喝喝吗？那只是年会的表象而已。你想想，好几百人集中到一个地方，吃、住、行的统计、组织和实施就是个大问题。再说了，吃什么，住在哪儿，安排什么行程，表演什么节目，怎么抽奖，以及如何确保安全等，涉及方方面面，都需要详细规划和严格控制。你敢说这是件简单的事情吗？"

朱笑笑听得发愣："啊?! 真的吗？我当时就在 Kay 手下，并没有感觉到像你说的这么复杂啊？"

安为善摇了摇头："那时你刚来公司不久，这么复杂的工作自然不敢放手交给你。即便只做协助性工作，你当时也忙得焦头烂额，还因为受到某些员工的苛责哭过鼻子呢！怎么，都不记得了？"

朱笑笑摸了摸后脑勺，不好意思地笑了："是啊，你不说我还真忘了。现在想想，那段日子可真是不好过呢，当时我还特别佩服 Kay 能忍辱负重来着。看来，做年会的参加者和组织者完全是两码事啊！"

知识链接

◎ 项目不是从启动开始吗？

项目启动和项目立项可是两回事，区别主要在于：

- 立项——这个项目打算做了。
- 启动——这个项目正式开始做了。

一般来说，应该先立项，再启动。不过在实践中，中小型项目可以合二为一。

◎ 为什么不能先启动后立项？

项目一启动就得花钱，如果到时候立不了项，岂不是赔了夫人又折兵？所以有人说，项目的最大风险是这个项目本来就不应该做。

项目立项的目的只是告诉大家打算做这个项目，至于值不值得做，或者能不能做，还要进行详细、科学的调查分析——可行性研究，简称"可研"。

◎ 到底什么是项目管理？

用通俗的话说，项目管理就是"把有始有终的事办好所需的全部知识、技能和工具"。它是从"二战"后期发展起来的现代管理学的一个分支，其价值在于可以管理界面复杂的、需要多组织协作的重要任务。目前，在欧美发达国家，项目管理不仅普遍应用于建筑、航天、国防等传统领域，而且已经在制造业、金融业、保险业甚至政府机关和国际组织中成为最基本的运作模式。

立项与启动

02 项目启动——怎么还是我

不知道年会是太重要还是太不重要，在下一次经理办公会上，它仍然被列为议程的最后一条。梅胜男让朱笑笑把草案打印出来发给与会人员，并向大家讲解一下，朱笑笑打死也不敢。梅胜男无奈，只好亲自上阵简单念了念，然后谦卑地说："请大家多提意见。"

见没人吱声，李鄂生清了清嗓子："呃，年会是公司的大事，各位老总要多多支持，有什么建议尽管提嘛。"

会议室里仍然是死一般的沉寂。李鄂生只好点名："那么，龙腾，你先说说吧。"

伏龙腾对冗长的会议早已不耐烦了，一边抖着腿一边操着浓重的四川口音说："我没啥子想法，不就开个会嘛，让行政去弄呗！"

李鄂生把头转向研发总监乔斌："乔总，你觉得呢？"乔斌摆了摆手："这个我不懂的，我没有意见。"

李鄂生嘴角扬了扬，又看向渠道总监汤树人的方向："老汤，你有什么想法？"

汤树人犹豫了一下，摸着下巴说："我参加过其他厂商的年会，搞得真是热闹，又是比赛又是抽奖的。其实谁在乎那点儿礼品，能值几个钱？关键是让人觉得你想着他。光弄个产品发布会哪有这效果？那叫'招之即来，挥之即去'！你邀请他参加年会，他才觉得你把他当成一家人。所以我想，咱们的年会是不是也可以请分销商来？"

李鄂生扬了扬眉毛："老汤说得有道理！龙腾，要不要请客户也来？"

伏龙腾撇了撇嘴说："我觉得意义不大。不过，你要真愿意掏钱，我可以试试，但不保证能请来几个。另外，这个钱可不能算我的销售成本哟！"

李鄂生没回答他，而是指了指财务总监陆克静："这我可说了不算，得问陆财神。"

陆克静面无表情地说："我哪是财神哪，伏总是挣钱的，我是花钱的。不过，销售部这个财年的预算已经超支了，确实也没啥钱可花。至于年会的钱，花多少、由谁出，还是李总说了算。"

陆克静把球又踢了回来，李鄂生暗自叹了口气，扬头道："年会这个项目还是很重要的，一年之计在于春嘛。"他把头转向梅胜男，"这样吧，时间有些紧迫，节前开会不现实，就定在节后吧，但也不宜太迟，晚了意义就打折扣了。内容方面我没有太多意见，反正让大家吃好、玩好就行，但也不能光是吃喝玩乐，对吧？"他又环视了一下会议室，"至于人数，各个部门先统计一下，再报给 May。May，你写个计划，我们下次会议再详细讨论。"

梅胜男笑了一下："李总，你忘了，我今晚就飞回香港休年假了，再不休假就作废了，你可是批准了的。"

李鄂生拍了一下脑门儿："啊，我真的给忘了！你什么时候回来？"梅胜男掰着手指："本来是十天，你只批准了五天。今晚走，下周休五天，再连着元旦公假三天，1月4日上班。"

李鄂生皱了皱眉头，显然，他在批准梅胜男休假的时候完全忽略了这点。

见他迟疑不语，梅胜男赶紧说："这样好啦，既然目前这个草案是 Julia 写的，干脆就让她做项目负责人好啦。对她来说，这也是一次极好的锻炼机会！"

"啊?！我……"还没等朱笑笑喊出声，梅胜男就用刀子般锐利的眼神把她"杀"了。"Julia 在这方面确实没有太多经验，我会帮助她的。"梅胜男又转过身去环视会议室，"时间比较紧，还请各位老总多多支持！"

第1章 立项与启动——年会也是一个项目

饥肠辘辘的总监们纷纷点头称是，李鄂生手一挥："那就这样吧，散会！"众人一窝蜂地夺门而出，只留下目瞪口呆的朱笑笑瘫在座位上。

知识链接

◎ **项目启动就是开个会吗？**

项目的临时性特点告诉我们，每个项目都有且必须有明确的开始和结束时间点。结束以项目成果正式通过验收、项目团队正式解散为标志，而项目开始以什么为标志呢？就是项目启动会。

当然，规模、复杂程度不同的项目，可能需要不同形式的启动会——既可以是正式的新闻发布会、项目组誓师大会，也可以在其他主题的会议中宣布一下，甚至仅是几个当事人碰个头。不管采用哪种形式，项目启动会的目的都是：正式宣布项目开始，并告知相关组织和人员；记录项目的初衷和主要目标；颁布《项目章程》。

◎ **项目的初衷和目标有什么区别？**

我们做任何事都有理由，这个理由就是初衷，它是个比较模糊的、方向性的描述；而目标则是清晰表述的、量化的预期项目结果。换言之，初衷回答的是"为什么要做这个项目"，而目标回答的则是"我们想通过这个项目获得什么成果"。

◎ **为什么要记录项目初衷？**

初衷不等于结果，在实际工作中，项目不断"跑题"，最终离题万里的事例屡见不鲜。如果不把它明确记录下来，并让所有人牢牢记住，很可能项目开始不久，大家就都忘了自己是来干什么的了。

◎ **该怎样了解和记录项目初衷？**

可以通过收集和分析需求来了解项目初衷。至于记录，其实形式不重要；可以当作项目组的座右铭，打印出来贴在墙上；可以设计一个项目专用网页；在大型项目中，则往往用《商业论证》来记录。需要注意的是，项目初衷要在项目启动前就明确，在启动会上或之后，应把它融合到《项目章程》里。这将在本章"03 项目章程——梅总的邮件"中讲解。

03 项目章程——梅总的邮件

听说"天将降大任于老婆也"，张驰衷心支持朱笑笑"苦其心志"，他自己则"劳其筋骨"，不仅主动承担起打扫做饭之职，还把自己的经验倾囊相授。作为一个软件架构工程师，他拥有朱笑笑最缺乏的自信，虽然不知道这股舍我其谁的劲头儿是从哪儿来的，但朱笑笑仍然常常被他这种气质吸引。这就是所谓的"异性相吸"吧。

张驰还有个彪悍的技能，就是网络搜索。朱笑笑把脑袋想破了也想不明白，为什么自己怎么都搜不到的资料，他三两下就找着了，因此她送给他一个绰号，叫"搜救犬"，是"一搜索就全都找到"简称的谐音，有时也进一步简化为"馊儿"（张驰并不知道，她叫的居然是这个字）。张驰则以"马虎+迷糊"回敬之，称为"二糊"或"糊儿"。

安为善给的培训资料内容很多，朱笑笑从没想过项目管理居然这么复杂，许多东西是她从来就没接触过的，根本就看不懂。她不禁叫起苦来："馊儿啊，救命啊，我都要爆啦！"

张驰举着锅铲跑过来："肿（怎）么了，肿（怎）么了？""你瞧瞧，这根本就不是给人看的嘛，什么系统论啦，价值工程啦，财务核算啦，都什么东东（东西）嘛！还叫不叫人活了？"

朱笑笑的五官几乎皱到了一起,整张脸像个红扑扑的肉包子。张驰忍不住在"包子褶儿"上捏了捏:"糊儿啊,糊了吧?要不,咱不看了?"

"包子"马上变成了光溜溜的"馒头":"那可不行,'梅超风'(朱笑笑送给梅胜男的绰号)那个老巫婆还不把我给吃了呀?我好不容易找着个工作……"

张驰强烈地意识到不全力支持是万万不行的,赶紧摆了个 pose(姿势):"嗯!你尽管冲,我掩护!"

在张驰的全力协助下,经过两天的奋战,朱笑笑把从网上搜集的有关年会的资料多次编辑,终于整理出了年会计划的大纲。虽然只是个框架,但也让她心里有了底。

这可是朱笑笑有生以来最枯燥的一个圣诞节,但也是最有收获的一个。她发现,原来和逛街、看电影、听唱诗比起来,宅在家里既安全又省钱。无丝竹之乱耳,无拥挤之劳形,有的则是学习、吸收之后的充实感。

周一,朱笑笑把公司内网上与年会相关的资料翻了个遍,再加上周末搜集的东西,一段段都粘贴到准备好的大纲里。眼看着年会计划的页数越来越多,心里那个美呀!

到了下午,这项纯体力活儿终于干完了,头晕眼花的朱笑笑却发现了一个严重的问题——大纲中的不少章节居然是空的!经过一番细致、彻底的搜肠刮肚之后,她不得不承认,有些问题她确实不知道该怎么写。无奈之下,只好向安为善咨询,安为善一句话点醒梦中人:"记住,项目是独特的!模板只是个提醒,并不需要你逐项填空。"哦,原来如此!

周五即将召开的经理办公会像个巨大的阴影,一直沉甸甸地压在朱笑笑心头。朱笑笑这次学乖了，万一梅总又提出一大堆修改意见（那是一定的），得给自己留点儿时间，于是第一时间就把邮件发出去了，又拨通了梅总的手机。

"Julia，什么事？"梅胜男打了个长长的哈欠。朱笑笑这个恨哪——这才下午五点多，我在这儿累死累活地写计划，你睡懒觉！什么世道啊?！心里不满，嘴上自然就生硬起来："梅总，打扰您休假了，对不起。我把年会计划发您了，请您查收一下。"

梅胜男似乎清醒了一点儿："哦，你给李总看了吗？"

咦？不是周五才讨论吗？再说了，你是我的顶头上司，你不看，让我找李总，我还想不想干了？

"您是说，让我直接找李总？我觉得，从管理线上看，还是应该先给您看比较妥当吧？"

梅胜男沉吟了一下说："李总在会上特别强调了这次年会的重要性，可见他对这个项目非常重视。这样好了，计划我先看着，你尽快和李总沟通一下，我们再电话联系。"

朱笑笑犹豫着跟李总说什么，忽然听到有人在敲隔板，回头一看，安为善神秘兮兮地说："收邮件。"

朱笑笑赶紧登录公司办公系统。两天没上班，邮箱里多了一大堆杂七杂八的邮件，看着就头疼。好在"梅超风"有插小红旗的习惯，倒是一眼就能看见。

一看标题，朱笑笑吓了一跳——《关于朱笑笑正式担任年会项目负责人的通知》。这也太严肃、太老土了吧！正文倒没那么吓人，就是把李鄂生关于年会多么重要，请各部门及其他大区老总积极协助之类的话重复了一遍，后面还附上了朱笑笑的工作电话号码。

朱笑笑有点儿不明白，怎么还没跟自己说，老巫婆自己就把邮件发了？她压低身体，蹑手蹑脚地凑到安为善耳边，小声问："梅总的邮件是什么意思呀？"

安为善悄声说："你不要管她本意是什么，你只当好意理解就可以啦——这是对你的正式任命和授权呢。"

朱笑笑更不明白了："前两次经理办公会上都已经明确说过了，第一次是梅总说的，第二次是李总说的，怎么还要搞什么'正式任命'呢？再说了，我一个小小的行政助理，授什么权给我了？这邮件上没说什么授权的事儿呀。"

安为善拿笔点了点朱笑笑的鼻尖儿："你呀你呀！第一，口说无凭，写邮件就有了书面证据；第二，李总宣布的时候，只有咱们大区这几位老总听见了，其他大区的老总可不知道啊，别忘了他们也要参加年会的。"

朱笑笑点了点头。安为善继续道："第三，咱们虽说挂着总公司的名义，但实际上各个大区都是各管各的，大家是平级关系。组织年会是咱们部门的职责，但梅总也没有权力给你什么'授权'，所以你看她在邮件中用的是'担任'这个词，意思是说，这是她站在部门的角度对你的任命，而不是整个集团对你的任命。"

朱笑笑吐了吐舌头："哦，原来这封邮件里还藏着这么多玄机呀。那其他大区的老总会重视这个项目吗？"

安为善指着他的邮箱列表："你没看见李总已经在第一时间回复了，而且用的是'回复全部'方式？他是集团副总，这就表明，你已经得到集团，至少是总公司的任命啦。"

朱笑笑嘻嘻笑着："谢谢你啊，老安！那我下一步该怎么做呢？"安为善还没回答，梅胜男的电话又来了。"我发的邮件和李总回复的邮件你都看到了吧？"梅胜男一向单刀直入，直奔主题。朱笑笑赶紧点头称是，心里暗暗感激安为善，要不是他，自己又得被老巫婆数落一通。

"那其他大区老总或助理的回复呢？"

啊?！还以为是垃圾邮件呢，差点儿全扔到垃圾箱里！朱笑笑庆幸自己手没那么快，看来老妈成天批评的"懒毛病"在关键时候可是能救命呢！她不敢说实话，只好敷衍："呃，正在看……"

梅胜男似乎没听到她说的话："从现在开始，你就是年会项目的正式负责人了，我希望你能真正地负起责任来！"

"是，我会好好干。可是梅总，我在这方面没什么经验，项目负责人都负责哪些事项呢？"

"我这里有项目负责人的岗位说明书，我发给你，你看一下吧。"梅胜男说完，挂断了电话。

知识链接

项目启动以签发《项目章程》为标志。

◎ **什么是《项目章程》?**

所谓《项目章程》，是一份正式批准项目成立的文件，它授权项目经理在项目活动中动用组织资源。《项目章程》的内容因具体项目情况而异，可以包括：项目被批准的原因、概括性的项目描述、项目总体要求、项目目标及相关测量标准、总体里程碑进度计划、总体预算、项目的主要风险、委派的项目经理及其职责和职权等。

通过向相关组织与个人正式宣布这些内容，一方面，大家都明确地知道项目正式开始了，有哪些主要指标要求；另一方面，也明确了谁是项目经理，他有哪些权力。

《项目章程》由发起人审批，可以由他亲自撰写，也可以授权项目经理草拟。

第 1 章 立项与启动——年会也是一个项目

"圣旨"

04 项目经理的职责——为什么要负这么多责任

犹豫再三,朱笑笑终于鼓起勇气,按下了李鄂生的电话号码。李鄂生显然对这个电话很意外:"你的计划已经写完了?可以给我看了?"

朱笑笑怯怯地说:"写了个草稿,梅总还没有批准。"李鄂生更加奇怪了:"那你找我做什么?"

朱笑笑自己也摸不着头脑:"是梅总说……"

李鄂生心里虽然不爽,但作为老总,不好为难一个小兵,于是他缓和了口气:"哦,这样啊。Julia,我这几天比较忙,不一定能腾出时间来,你先和各个部门老总沟通一下,我有时间的话就通知你。"

"啊?!"一个老巫婆还不够,怎么又蹦出来这么多?朱笑笑一直以为,只要不招惹"梅超风"就万事大吉了,谁知道还得伺候一群"妖魔鬼怪",那还不得万劫不复啊!可既然是总经理说的,她也不敢不执行啊，呜呜呜……

没听到具体的回应，李鄂生心知朱笑笑的为难与畏惧，故意稍稍提高音量对身边的伏龙腾说："龙腾，你明天什么时间在公司？Julia 要去找你，关于年会的事儿……可不可以早来一会儿？那我让她早点去找你……Julia，你明天辛苦一下，早来公司半小时，我让龙腾等你。"

朱笑笑巴不得立即挂电话，赶紧说："好的，我明早八点半去找伏总。谢谢李总！"

快下班的时候，梅胜男的邮件终于来了。朱笑笑打开一看，当时就傻了："老安哪，这……这……这项目负责人的职责也忒多了吧！"

安为善正忙着处理自己的工作，连头都没抬："项目负责人、项目负责人，就是对项目负责的人。有关项目的一切当然都是他的职责范围！"

"可是，大到目标、进度、预算，小到人员、设备、材料、场地，他一个人忙得过来吗？"

"那是他的职责，并没说需要他亲自动手，要是事必躬亲，还要项目组做什么？"

朱笑笑更不明白了："既然不是事事都由项目负责人干，为什么又都写到他的岗位说明书里呢？"

安为善的思路被一再打断，举着拳头说："负责和实施是两回事！产品是销售部门在卖，可销售任务若没完成，李总可以脱开干系吗？"

朱笑笑假装没看到安为善的不耐烦，脸上加了一抹讨好的笑，继续问道："那么，哪些工作由项目负责人亲自做，哪些又要由他的手下做呢？"

安为善被她纠缠不过，只好回过头来："那要看具体项目的情况。年会是比较简单的，你也用不着组建什么项目组，基本上一个人都能完成，只要和其他人保持顺畅的沟通就可以了。"

朱笑笑越听越不明白："我这个项目负责人到底该做什么呢？"安为善看到她迷茫的神情，无可奈何地埋下头继续工作，心不在焉地说："你把自己当作总经理来要求就行啦。"

"啊？把自己当作总经理来要求？那还要总经理干什么?!"朱笑笑脱口而出，安为善却再也不肯张口了。

知识链接

◎ 项目负责人和项目经理有什么区别？

项目负责人和项目经理，在某些组织里是一个意思，但仔细揣摩，两者还是有些区别的。大型复杂项目需要通盘把控，组织会赋予项目经理一定的权力，包括但不限于组建团队、调配资源、项目决策等。而像年会这样的小型项目，由一个接口人在各部门之间沟通信息、协调步调以保证项目进展就可以了，组织往往任命这个接口人做负责人——他基本没什么权力。

◎ 为什么说项目经理要把自己当作总经理来要求？

从定义上说，项目经理就是"执行组织委派，实现项目目标的个人"。为确保实现项目目标，项目经理必须持续地计划、监控和修正项目的时间、成本、质量、满意度等指标，协调项目内外的各种资源，发现并有效解决各种问题和风险。他一个人需要兼顾战略规划、设计、工程、客服、财务、法律等各个部门的职责。因此，有个形象的说法，项目经理就是"项目上的总经理"。

◎ 项目经理职责那么多，确实像总经理了，可是会有总经理那么大的权力吗？

很不幸，这个真没有。项目经理的责任非常重大，可是权限往往与总经理相去甚远,甚至连职能经理都不如。有人说,项目经理就是"戴着铁链跳舞的人",他的形象就像这样——

• 项目有个如临深渊般的背景,目标在可望而不可即的远方;

• 从此岸到彼岸,只有细细的钢丝这一资源可用,而且还可能有很大的弹性;

• 背负着沉重的任务包袱,有时还有额外负担;

• 手上不断倒换着时间、成本、质量等绩效指标,一个都不能落下;

• 风吹日晒、雨淋雷击,都不能中途退出;

• 有很多人围观,但很少有人真心帮忙,更多的是嘲笑——"看哪,那个人的姿势一点儿也不优雅";

• 成功了,是大家的功劳,而失败了只能归罪于自己……

责任大权力小,时间紧资源少,这些都是项目的常态。正因如此,有人把PM(Project Manager,项目经理)解释为"可怜人"(Poor Man)。然而,如果你能坚持积极地学习知识、锤炼自己的技能,终有一天,你将成为"活力超人"(Power Man)!

破茧成蝶

05 可交付成果——什么叫项目成功

北京的交通很奇怪，周一和周五是例行的"麻辣火爆堵"，周二也莫名其妙地"肠梗阻"。朱笑笑是起了个大早赶了个晚集，上气不接下气地跑到伏龙腾的办公室时，已经八点五十分了。伏龙腾的桌子上乱七八糟摆着一大摊资料，他正在埋头找东西。听到朱笑笑的道歉，他眼皮儿都没抬："你迟到了。我只有十分钟时间。啥子事情？"

朱笑笑自知理亏，怯怯地把打印出来的年会计划递了过去说："伏总，请您对年会计划提提意见。"

伏龙腾以一目十行之势哗啦啦地翻着，没用一分钟就把朱笑笑千辛万苦写的年会计划翻完了，这让她很没有成就感。他把计划随手扔在桌上，叉起胳膊抱着胸，问："你有啥子问题，赶紧问噻！"

朱笑笑想不到他会问自己，一时间有点儿慌神："呃，伏总……我……李总……李总说，让您给提意见。"

伏龙腾冷笑了一下，歪着头，斜眼看着朱笑笑："你自己都不知道要问么子，那你干啥子来？"

朱笑笑不知如何作答，脸涨得通红。

伏龙腾看了一眼表，匆忙把桌子上的资料摞起来："我忙得很，再说，年会是你们部门的事情噻！"见朱笑笑欲言又止的样子，他又补充了一句，"细节我不关心，我只提一个问题，这个计划的第一句话是'为了成功筹办本届年会'，我且问你，啥子叫成功噻？"

伏龙腾龙卷风般地走了，只留下目瞪口呆的朱笑笑。

嘭！朱笑笑只觉得天旋地转，无数只萤火虫在眼前飞舞，过了好一会儿才慢慢地恢复了意识。咦？怎么有点儿头疼？而且越来越疼！啊？天上掉下来扇玻璃门，门里还有只龇牙咧嘴的"独角兽"？！门上COSYS几个大大的红字似乎在嘲笑她，你不是一直自诩眼睛大吗，今天怎么大眼睛不好使了？那可是她怕有人不小心撞上，亲自贴上去的呀！

朱笑笑羞愤交加，低头转身想要跑开。咚！又撞上了一座山（还好是肉做的）。妈呀，怎么没个地缝儿让我钻哪！朱笑笑像只疯狂老鼠，立马抱头逃窜，却被人一把抓住。

"小朱，咋的啦？"

抓狂中的朱笑笑猛然听到这么亲切的问候，反而怔住了，回头一看，原来是汤树人。由于在工作中很少接触，朱笑笑对此人并不熟悉，印象最深的只是他那高大魁梧的身材，有点儿像《哈利·波特》里边的海格，看起来让人很有安全感。在他亲切甚至可以说是慈祥的目光中，深陷窘境的朱笑笑觉得心里暖乎乎的："对不起汤总，我……"

朱笑笑撞门这一幕汤树人其实看到了，而周围的员工只知道站在一边看笑话，这让他觉得很不像话。然而，毕竟不是自己的属下，正在想是不是该说说他们的时候，朱笑笑慌里慌张地又一头撞到自己身上。既然如此，索性安慰一下小姑娘吧："没事儿！你看看我这体格，别说你一个小丫头，泰森来了我也给他撞飞出去，哈哈……"

朱笑笑扑哧一下乐了，心想，听别人说汤总是最好说话的，果然不错！

汤树人指着那扇惹祸的玻璃门，替朱笑笑抱怨道："你说也是，这门安得有问题哈。别人的门都是往屋里拉的，哪有往过道上推的？这不净等着惹事嘛，瞎整！"

唉！报应啊！其实那门是朱笑笑让这么装的，当时她想在屋里多摆张桌子，没承想反而给自己埋下了这颗不定时炸弹。

见朱笑笑表情不自然，汤树人转移话题："对了，年会筹划得怎么样了？"

一句话勾起了朱笑笑的伤心事，她这才想起来还有个问题没解决呢："嗯……伏总问我，什么是成功，把我给问住了。"她边说边抬手摸了摸额头，疼得把嘴咧成了"O"形。

汤树人边摇头边呵呵笑着："这个伏龙腾！这个问题说复杂就复杂，说简单也简单，所谓见仁见智吧。有人认为成功就是实现预计目标，有人把它定义为功成名就，还有人说有了钱就算成功。"

朱笑笑忽闪着大眼睛："唐骏说，他把大家都忽悠得也挺成功的。"汤树人哈哈大笑："是啊是啊，从某个角度看，他说得也不错。不过，据我看，成功只是个结果，不能算是目标。"

朱笑笑瞪大了眼睛："啊？成功不是目标吗？"

汤树人意味深长地点点头："是，成功不是目标。举个例子吧，高考时，你的目标是什么？"

朱笑笑说："成功考上大学呀！"

"对喽！你的目标是'成功考上大学'，而不是'成功考大学'吧？你是学中文的，分析分析这两种说法有什么区别？"

朱笑笑沉思再三，试探着说："前者强调'考上'这个结果，后者则只说了'考'这个动作。"

汤树人点点头："是呀！目标是你想要产生什么结果、达到什么效果，所以应该是个名词或动宾词组。而成功作为一个形容词，它只能对目标进行修饰，但并不是目标本身。至于一件事是否成功，我们只能等事情结束之后才能做出判断，哪有还没开始就已经成功的？"

"原来汤总也是语言学专家，小女子拜服！"朱笑笑不禁作了个揖。汤树人连连摆手："我也是举一反三而已，希望对你有点儿帮助。""岂止是有点儿啊，简直是神奇，原来语法分析也对企业管理有用啊！"

知识链接

项目管理是典型的目标管理，因为没有目标就没有方向。

◎ **目标就是项目所要产生的成果吗？**

是的，这在项目管理学科中有个专业术语，叫"可交付成果"。可交付成果是"在某一过程、阶段或项目完成时，必须产出的任何独特并可验证的产品、成果或服务能力"。这个定义的核心词是"可验证"，即无论最终的产出物是有形的（通常称为"产品"）还是无形的（通常称为"服务"），都必须能以某种方式进行验证。

◎ **什么是验证？**

ISO9000（质量管理体系标准）是这么说的："所谓验证，是保证产品的生产过程和质量管理以正确的方式进行，证明这一生产过程是准确和可靠的，并具有重现性，且最后得到符合质量标准的产品的一系列活动。"说白了，就是能通过某种方式证明产品是合格的。

◎ **有形的可交付成果好说，无形的可交付成果怎么验证？**

一个项目的可交付成果往往不是一个，而是一组，是有形产品与无形服务的集合体。比如这本书，也是个项目，有形的可交付成果是书本身，无形的可交付成果则主要是大家对项目管理有了更深入的了解和掌握。要想验证这点，其实有很多方法，比如大家的心得体会、参加项目管理认证考试等，甚至大家也可以尝试做项目管理培训师。

◎ **用什么来验证？**

可交付成果就是验收标准。不同的人在不同时间点的感受不一样，给出的验收结论也千差万别。为了避免这种风险，我们应该在项目启动甚至更早些时候就把可交付成果的验收方式和标准定下来，也就是"量化"。

我们可以参考敏捷模式中的 DOD（Definition Of Done，完成的定义）。它是一个简短的声明，规定了一个团队认为完成的标准是什么。通过 DOD，团队成员对于最终交付的产品就有了一个共同的理解，从而确保了项目的透明度、团队成员之间的共识、产品的质量和一致性。

06 项目目标——拿数据说话

第一次进入汤树人的办公室，朱笑笑大跌眼镜：没想到汤总虽然外表像个大老粗，但其实不仅人有涵养，而且办公环境也收拾得井井有条。尤其引人注目的是窗边那盆发财树，长得枝繁叶茂，一看就是精心呵护的结果，公司其他的绿植可没有这么精神。

朱笑笑直直地盯着发财树，疑惑地问："汤总，这棵树长得这么好，每片叶子都油绿油绿的，您一定经常擦吧？"

汤树人说："植物也像人一样，你对得起它，它就对得起你。"

朱笑笑点了点头，心里很是触动："但愿如此！"

汤树人示意朱笑笑坐在会客区的沙发上，亲自从冰箱里拿了瓶矿泉水递给她，然后在她斜对面坐了下来。由于两人之间没有办公桌的阻隔，朱笑笑觉得特别不自在，不知该把手脚放在哪里。看到她手足无措的样子，汤树人指了一下矿泉水瓶子："小朱，你可以冷敷一下，会舒服些。"朱笑笑感激地"哦"了一声。

汤树人叉着手，正色道："小朱，我知道公司让你负责年会，是有点儿难为你，但凡事都有两面性，你反过来想想，这可是个好机会呢。整好了，将来你在职位上或许有所提升；即使没整好，对你个人而言也是一次不可多得的磨砺。你说是不？"

"汤总说得对，我也很愿意接受这个挑战。只是，我从来没有做过，不知道该从哪里下手。"朱笑笑赶紧说，然后把手里攥得皱巴巴的年会计划递过去，"这是我写的计划，想请您看看行不行。"

汤树人看得虽快，但明显比伏龙腾仔细多了。他一边看一边问了些问题，其中好多都是朱笑笑从没想到过的——毕竟是抄来的，根本没消化嘛，不胀肚才怪！

汤树人不想打击这个职场新手，两手拇指来回转动着，绞尽脑汁地措辞，既不伤害小姑娘的感情，又能清楚表达自己真实的意思："小朱啊，我对这个计划的整体感觉嘛，我认为内容方面还是比较完整的，不过呢……"

见他沉吟良久，朱笑笑心知这个计划还是不行，但感激汤树人的亲和友善，倒也不觉得特别挫败："汤总，我知道这个计划有很多不足，还请您多多指正，我就指望您了，谢谢，谢谢！"

朱笑笑激动地连说两个"谢谢"，足见她是真心实意地寻求帮助。汤树人直视着朱笑笑说："你要这么说，我可就不客气了！"

"别客气，别客气，千万别客气！"

汤树人故意换了副严肃的面孔："好！我觉得你写的东西压根儿就不像是年会计划！"

这等于判了计划的死刑，难道我这几天都白忙活了？朱笑笑心里多少有点儿不服气："为什么呢？我这可都是从网上和公司资料库里查的！"

"正因为你抄得太多，所以我说这个计划不像样儿！"汤树人好像没看见朱笑笑茫然失措的表情，"你知道为什么要开年会吗？你知道这次年会的主题是什么吗？你知道如何给参加年会的人留下深刻印象吗？你知道如何达到预期效果吗？"

朱笑笑被这一连串的问题问住了："我……这……"

汤树人稍稍缓和了一下神情，但加重了语气："做任何事情，都必须明确目标，而你这个计划恰恰就缺少明确的目标！"

汤总说得对。计划里虽然有"目标"一节，但只有"为了成功筹办年会，特制订本计划"这一句话，而"成功"一词是虚的，所以，实际上等于什么都没说。

"汤总，您说过目标是想要达到的结果，那么，怎样才算明确了目标呢？"

"问得好！所谓'明确'，就是要能说得明白、算得明白，像什么'最优秀''超一流''国际领先'等说法没有任何实际意义，要拿具体数据说话！"

朱笑笑挠了挠后脑勺儿："我知道公司对销售有合同额、利润额的要求，人力资源工作也以员工招聘数、流失率等为考核指标，这些数据都好算，可是年会拿什么算啊？"

汤树人眯起了眼睛："这个问题不能问我，你得问公司。"

什么，问公司？

知识链接

◎ 拿什么测量项目目标的实现度？

大家一定听说过 KPI（Key Performance Indicator，关键绩效指标）吧？事实上，无论什么行业、哪种业务模式，也无论针对什么职务，绩效考核指标都至少包括这几项：进度（或称"时间"）、资源（有时称"成本""预算""利润""人力"或其他）、质量（有时称"满意度"）。

这就是项目管理的三大 KPI。

除了这三大指标外，我们还可以从其他角度对项目目标的实现程度进行测量，比如：从项目成果对组织战略的贡献度看，可以考察其创新程度、市场销售潜力等；从项目管理过程对组织项目管理专业人才培养的角度看，可以考察相关人才在数量和能力水平上的变化；从项目管理经验教训的积累方面看，可以考察项目计划的变更频率及对实际工作的支持程度、项目风险管理的有效程度等。

◎ 如何考察项目成本绩效？

的确，许多公司更加关注进度和质量，但并不意味着他们不看重成本，只不过公司是以其他指标来控制而已。比如许多软件研发项目，项目组的考核指标里可能没有"预算"这一项，由于公司主要是以人员工资、软硬件购置费用等来核算研发成本的，因此控制研发团队规模、严把进度关，实际上就是在控制成本。

◎ 时间、成本、质量，哪个更重要？

这要看具体的项目特点了。有的项目会把质量放在首位，有的则为了按时交付而不惜血本。并且，在项目的不同时间点上，这三大KPI的重要程度也可能发生变化。对项目经理而言，最重要的职责之一，就是要在变化当中动态权衡这三大 KPI 之间的关系（详见第12章"03 项目约束条件——多快好省要不得"）。

综上所述，用通俗的话说，项目目标的完整表述应该是"花多少钱，用多长时间，交付满足什么质量标准的可交付成果"。

◎ "SMART" 原则

• Specific（明确）：具体的可交付成果是什么？不能笼统地概而论之。

• Measurable（可度量）：用什么方法度量？必须满足哪些指标？考核指标必须是数量化或行为化的，验证这些绩效指标的数据或信息是可以获得的。

• Achievable（可完成）：在付出努力的前提下可以达到吗？避免目标过低或过高。

• Relevant（相关）：目标与本职工作相关吗？避免多个目标各自为政，对实现组织整体战略作用不大的现象（如指派出纳学习人力资源管理课程)。

- Time-bound(时限):什么时间完成?杜绝虎头蛇尾、不了了之的现象。

量化

第 2 章
项目规划——做红烧肉也要有计划

01 管理经验与项目环境——做项目就像炖红烧肉

看着朱笑笑抓耳挠腮的样子,张驰既心疼又觉得特别可爱:"糊儿啊,凡事得一步一个脚印儿地走,你一口也吃不成个胖子啊!何况,咱还没的吃呢。"

朱笑笑头也不抬,嘟着嘴把资料铺得满地都是:"没心情,没心情。计划写不出来,你就得跟着我饿肚子!"

张驰搂着她微胖的肩膀,热情地说:"物质毕竟是基础嘛。再说了,计划也不是一天就能写出来的,你得先搜集资料啊。"

朱笑笑咬着手指头说:"可我从公司内网和互联网上找了好多资料抄进计划,都被否了啊!"

张驰摇了摇她的肩:"照抄是不行的,但可以借鉴。你原来抄得不够聪明,所以才不被肯定呀。"

朱笑笑扭过身,忽闪着大眼睛盯着张驰:"那你说,该怎么聪明地抄呢?"

张驰故作神秘地说:"你不是擅长做红烧肉吗,说说你是怎么炖红烧肉的?"

朱笑笑忍不住抓着他的手咬了一口："真讨厌！急死人啦！跟你说正经的呢，扯什么红烧肉，把我惹急了再也不做给你吃了！"张驰夸张地张大了嘴："求饶求饶，我是说正经的呢。"朱笑笑咬牙切齿地逼到他眼前："你怎么说正经的了？"

张驰赶紧捂住她的嘴："我问你，红烧肉是你发明的吗？"朱笑笑甩掉他的手："不是，是我跟我妈学的。"

张驰忍不住笑了："好吧，我换个说法，红烧肉是你的亲朋好友发明的吗？你知道谁拥有这个专利吗？"

朱笑笑说："没有！怎么了，没有专利还不能吃红烧肉了？"

张驰张大了嘴："你还吃得少啊？"

眼看着朱笑笑又来抓自己的手，张驰赶紧说："我不是跟你耍贫嘴，我的意思是，做项目就像炖红烧肉。"

朱笑笑一下子怔住了："什么意思？"

张驰拉着她的手坐下来："你想啊，红烧肉不知道是谁发明创造的，但大家都在享用它的美味，而且每次做的时候多多少少都会根据自己的口味做些调整，这不正和项目的特点类似吗？既要传承过去，又要有所创新。"

朱笑笑转怒为喜："你说的还真有一点点道理，我怎么从来就没这么想过。"

张驰得意地笑了："你再想想，你做的红烧肉为什么那么受欢迎？还不是因为你有自己的方法。"

朱笑笑更加得意："那是当然！按照菜谱做，顶多可以做得不错，要想美味还得有自己的小窍门儿。"

张驰一拍大腿："对呀！这就是'聪明地抄'啊！尽管原材料、制作过程大体一样，但正是那些微小的差别，才让你做的红烧肉独树一帜。我决定，把你做的红烧肉正式命名为'朱氏红烧肉'，简称'猪烧肉'。"

"猪烧肉？你——"

"救命啊……"张驰一边惨叫，一边躲着朱笑笑雨点般的拳头。闹够了，两个人躺在床上喘粗气。张驰拿脚踢了踢朱笑笑："人家夸你呢，怎么这么暴力！"

"你怎么夸我了？"朱笑笑龇牙咧嘴地问。"能以自己的姓氏命名产品，这多牛啊！比如'姚记炒肝'，很多知名人士都慕名前去呢。我用你的姓命名红烧肉，说明你炖肉的能力太彪悍啦……"张驰一边做出防卫的姿势，一边极尽阿谀奉承之能事，把最肉麻的词一股脑儿堆到朱笑笑身上。

朱笑笑眯起眼，重重地点着头，表示既认同男友的观点，又很享受他的恭维。听着听着，她自己也觉得张驰夸得没边儿了，赶紧做出暂停的手势："停！拍马屁到此为止。咱们还是务实些，说说我的年会怎么弄吧。"

"咱家糊儿就是能力超强嘛。"张驰见朱笑笑一抬眉毛，知道再拍下去就要起反作用了，赶紧把话题收了回来，"你知道什么叫'能力'吗？能力其实就是'能够办成事儿的力量'。它主要有两个来源，一个是过去的经验教训，另一个是目前存在的各种资源和环境因素。"

"你是说，做项目时，经验很重要？像我这样没有策划年会经验的，就做不成啦？"朱笑笑脸色晴转多云。

"那倒不是，经验毕竟是逐渐积累的嘛。如果缺乏某方面的经验，可以找相关专家帮忙呀，谁也不可能像神仙一样无所不能。"张驰赶紧安抚安抚，见朱笑笑还是有些疑惑，又补充道，"你知道吗，其实，有的时候，经验越多越有风险呢。"

"什么？经验不是越多越好吗？"朱笑笑更不明白了。

"非也非也！我给你讲个故事吧。"张驰伸手把朱笑笑搂在怀里，"听说过鳄鱼的'死亡翻滚'吗？就是鳄鱼咬住猎物之后一直不松口，身体疯狂扭转。"

"知道知道，我在网上看见过，三下两下就把野鹿的腿拧折了，好可怕。"

"这么厉害的猎手，一个叫格林特姆的美国鳄鱼专家却能轻易地抓住它。怎么回事呢？原来，在野外考察时，他发现一条身上紧紧缠着树藤的死鳄。经过仔细观察，他找出了鳄鱼的死因。在捕食水鸟时，鳄鱼一口咬在了树藤上，但它自以为咬到了鸟，在撕扯不动的情况下，凭经验使出了看家本领——'死亡翻滚'，本想把树藤拉断撕裂，没想到却被韧性极强的藤条越缠越紧，最终动弹不得，生生饿死了。格林特姆受到启发，发明了一种安全捕捉鳄鱼的方法：一根丝线，使鳄鱼作茧自缚、束手就擒。"

朱笑笑拍手笑道："真聪明，这就是'四两拨千斤'最生动的例子啊。"

张驰也笑了："你看，如果不仔细观察环境，经验主义会害死人呢。"

朱笑笑噘了噘嘴："哦……那年会这锅红烧肉该怎么炖呢？"张驰拉长声调："笔——墨——伺——候——"

朱笑笑以迅雷不及掩耳之势跳下床，转瞬间不仅拿来了两支笔、一沓纸，还奉上咖啡一杯、零食一箱。张驰不禁瞪大了眼睛："哇！机器猫吗？"

朱笑笑把纸和笔往张驰手里一塞："快点儿快点儿，人家急着呢！"

"年会毕竟比做红烧肉复杂，咱还是先拿简单的说吧。你拥有了做红烧肉的经验技能还不够，还得有相关的资源才成。"他一边在纸上写写画画，一边说着，"锅碗瓢盆、煤气灶具等属于基础设施，新鲜的五花肉、葱姜调料等属于原材料，缺一不可。"

朱笑笑挑了挑眉毛："没有这些，我也不会炖红烧肉啊。"

"这只是硬环境，还有软环境呢。比如，家庭饮食习惯，最近的节食减肥计划，冰箱里还有哪些吃剩的食物……"张驰在刚才画的图形外画了个圈，正说得起劲，见朱笑笑有点儿不耐烦了，赶紧伸出五指做了个禁止的手势，"前面说的是内部环境，还有外部环境呢，做任何项目必须'三思而后行'，认清各种形势，包括但不限于银河系、太阳系、地球、亚洲、中国及COSYS集团北京公司人力资源与行政部……"

朱笑笑一把抓起枕头捂住了他的嘴："有完没完啊！还让不让人吃口红烧肉啦！"

知识链接

◎ 做项目必须考虑各种因素

任何一个项目都不会在真空中存在，大到国内外政治与经济形势、国家与行业法律法规、各民族文化习俗、各地区地理与气候特点，小到企业本身的业务模式与特点、部门职责与资源配置等，都和项目有着千丝万缕的联系。如果无视这些环境因素，项目将面临不可预知且难以控制的风险。

这么说，并不意味着每个项目都必须对上述所有的环境因素逐项分析、评估，而是要根据项目本身的重要等级、复杂程度、规模大小等来取舍。

无论项目大小，建议在项目早期收集关于以下事项的信息：

- 组织文化：我们自己、客户、合作伙伴、分包商等在文化氛围方面有哪些异同？谁鼓励内部竞争，谁更强调公平协作？谁推崇稳扎稳打，谁又褒扬英勇无畏？

- 组织结构：在组织中，责权如何分配？上下级汇报关系如何确定？决策点在哪里？信息如何传递？
- 现有基础设施与资源：对项目而言，哪些资源是必需的，哪些是可选的？哪些资源是充足的，哪些是不够的？资源的使用成本是多少，可能会与哪些项目产生资源冲突？
- 相关数据库：有哪些数据可用？
- 专用工具：是否有项目管理的专用工具，如系统软件、专用技术等？

登山去？

02 项目生命周期——做红烧肉也得提前规划

等朱笑笑发泄完了，张驰夸张地喘着气说："我……我要不行了……快……快……快把计划样板拿来。"

朱笑笑一骨碌翻下床，在地上扒拉来扒拉去，寻找下午汤树人借给她的产品发布会实施方案。

朱笑笑终于把产品发布会实施方案按顺序叠成一摞，跳上床递到张驰手里："你快点儿看，我饿死了，先补充点儿能量。"话音刚落，她就撕开一袋薯片，嘎吱嘎吱地大嚼起来。看样子，她早把早晨赌咒发誓"不减肥不见人"的事儿抛到九霄云外了。

张驰把方案扫了一遍，一招手，朱笑笑立马凑了过来："怎么着啊？"张驰举起方案说："这才叫真正的计划，内容全面，逻辑清楚。"朱笑笑鼓着腮帮子说："可是我看不大懂咧。"

张驰想了想说："直接解释不大好理解。这样吧，你说说看，你是怎么炖红烧肉的，说得详细点儿啊。"

朱笑笑嘟着嘴，不明就里："再怎么详细，也就是那点儿事儿嘛，买肉，切肉，备料，坐锅，倒油，煸肉，倒水，放料，然后就是炖着去呗。"

张驰摇了摇头："那已经是在做红烧肉了。我问的是，你怎么规划做一顿红烧肉。"

朱笑笑还是不明白，干脆闭了嘴只摇头。张驰想了一下说："我再换一种说法：无论做什么事，你都得先有个计划，这个过程就叫规划。"见朱笑笑一抬眉毛，心知她要提反对意见，张驰赶紧一摆手，"你别着急，先听我说。有些事儿比较简单，你就不必把计划写下来了。但是，像年会这样相对复杂的任务，就必须写计划了。"

朱笑笑若有所思，深深地点头："你说得对。那，应该怎么写计划呢？"

张驰把零食箱子扒拉到一边，摆正姿势写起来："为了说得通俗点儿，我还是拿红烧肉做例子。在做红烧肉之前，你是不是得估计一下，什么时候吃，有多少人吃，打算吃几顿，还缺哪些作料，去哪儿买，买什么牌子的？"

朱笑笑说:"是啊,要不多了少了的,麻烦。"张驰一把抓住了她的肩头:"这就是规划呀!"

朱笑笑把他的手甩开,噘起嘴:"这就是规划?有这么简单吗?"张驰笑了:"项目规划当然没这么简单,但基本原理是一样的。

首先,你得确定要不要做红烧肉:如果请个把同学来家里小聚,显摆一下自然好;如果是一大群人开party(聚会),最好就不要做了,咱家没那么大的锅。"

朱笑笑捶了张驰一下:"做都不用做了,还规划什么呀?"

张驰咧着嘴,装作很疼的样子:"啊呀,老板饶命!经分析,红烧肉项目不可行。"见朱笑笑的拳头又举起来了,张驰赶紧说,"我的意思是说,很多项目之所以失败,就是因为前期的分析论证不充分。所以有这样一句话,'项目的最大风险,就是这个项目本就不该上马'。在实际操作中,往往把这种前期分析称为'可行性研究',其结论也许是项目根本就不可行。因此,这项工作也往往被划分在项目生命周期之外。"

"项目生命周期?"

"这是个专业术语,指的是项目的时间跨度,或者说是项目从'出生'到'结束'或'死亡'之间的时间段。"

"是不是可以这样理解:爸爸妈妈先要做个可行性研究,决定是不是要孩子,决定了之后才开始生宝宝这个项目,而项目的生命周期大概是十个月?"

"可不止十个月呀,难道想生就能生出来吗?"

"哦,这样啊。"朱笑笑沉吟起来。

张驰赶紧补充道:"十月怀胎只能算是生孩子项目的交付期,之前不得好好筹备啊?"

"对呀!还得做精神和物质方面的准备呢,现在工作压力那么大,环境污染又越来越严重，好多夫妻从决定要孩子到成功怀孕，可都要经历千辛万苦呢。"朱笑笑一副豁然开朗的表情，"也就是说，项目生命周期远比我们能明显看到的部分要长。"

"对！我们家糊儿就是聪明！"

知识链接

◎ **项目生命周期**

不同项目的生命周期是不一样的，但大致上都会经历这几个阶段：启动项目，组织与准备，执行项目工作，结束项目。

不过这只是个一般规律，不是标准模型。比如，在软件研发行业，项目可能会分为需求调研、概要设计、详细设计、编码、测试等阶段。

◎ **项目生命周期与项目可交付的使用寿命的关系**

在项目管理学科中，还有个"产品生命周期"的概念，其定义是"产品阶段的集合"。从本质上讲，它指的是某个产品从最开始的构思、设计、试产、量产、销售、消费、弃置和最终退出市场的整个过程，即它在市场方面的生命长度。一般而言，项目生命周期包含在一个或多个产品生命周期中。以红烧肉项目为例，其生命周期见表2-1。

表 2-1　红烧肉项目的生命周期

阶段	内容
里程碑 1	我馋啦
启动阶段	1. 检查冰箱里的剩饭剩菜情况 2. 回顾自己的减肥计划 3. 询问其他人最近的饮食口味

（续表）

阶段	内容
里程碑 2	咱们吃红烧肉
规划阶段	1. 确定质量标准（不能煳锅，不能太咸、太油腻等） 2. 核实近期活动安排，确定制作红烧肉的时间 3. 调查近期猪肉质量和价格 4. 回顾制作红烧肉的经验教训，确定制作步骤 5. 查看家里的食材和配料储备情况，确定采购清单 6. 确定是否需要他人帮忙
里程碑 3	这周六炖红烧肉
实施阶段	1. 去超市买各种调料（随时） 2. 去市场买五花肉（周六上午） 3. 准备铁锅、汤盆等厨具 4. 提前确保燃气充足 5. 炖肉
里程碑 4	出锅啦
收尾阶段	1. 大快朵颐 2. 总结经验教训

03 项目计划的逻辑——红烧肉项目计划就是5W1H

朱笑笑不理会张驰显而易见的拍马屁行为，顺势靠在零食箱子上，歪着头继续说："宝宝生下来了，就开始了他自己的'项目'，也就是他的一生。虽然长短不同，但每个人都有自己的生命周期，获得不同的成就。咦？这不就是项目的临时性和独特性两大特点吗？"

张驰怕朱笑笑越扯越远，赶紧插话："是呀是呀！项目一旦证明可行，就要开始规划了。项目规划牵涉的面很广，咱们还是得拿红烧肉说事儿。"他掰着手指，一条一条地分析起来，"首先，是给谁吃、怎么吃的问题。长辈吃得少油少盐，咱俩吃可以肥肉多点儿；拌饭吃得多留点儿汤，夹馒头吃可以多来点儿肉皮……这就是需求分析。其次，定义什么叫好吃，也就是确定最终成果的质量标准。你也知道，众口难调，怎么能让大家都说好呢？"

朱笑笑皱了皱眉头，觉得这太难了，自己做的红烧肉那么好吃，可小姨就从来都不碰，说怕长肉。

张驰见她不说话，就自问自答了："其实，'让大家都说好'这个目标本来就是不易，甚至是不可能实现的，但我们可以做到'让大多数人说好'。有时候，项目能'让关键人物说好，其他人不说不好'，就算相当成功了。"

朱笑笑听得眼睛发亮，张驰受到鼓励，起劲儿地说："再次，确定为了满足需求、达到质量标准，应该做哪些事情，这就是方案里范围的意思，也就是你说的，要炖出一锅好吃的红烧肉，得买肉、切肉、备料等。"

朱笑笑忍不住插了一句："为什么不能直接跳到这一步呢？多好理解呀！"

张驰摆了摆手："那哪儿成啊！不了解需求，你就不知道怎样行动；不明确质量标准，做出来的东西就需要返工，甚至根本不能用！"

朱笑笑一拍脑袋："是啊！我第一次做红烧肉，买的就是里脊，以为那儿的肉嫩，结果做出来一点儿都不好吃。"

"嗯。"张驰简单地表示了一下肯定，接着分析，"确定了工作范围，就可以计算所需要的时间和成本了，而且这两组数据往往相互影响，需要反复算计。比如，想省钱就得跑到远一点儿的农贸市场去买，怕时间来不及又得打车，反而多花钱……"

朱笑笑打断了他："明白，明白！还有吗？"

张驰看了看自己的手指头，又重新数了一遍："需求、质量、范围、时间、成本，已经五项了。还要考虑风险，也就是哪些事情会对

第 2 章　项目规划——做红烧肉也要有计划

你有影响——注意，这个影响既指消极的，也指积极的。比如，炖着炖着没燃气了怎么办？或者突然有人来电话要请你吃饭，又怎么办？"

朱笑笑有点儿迷惑："那我怎么可能知道嘛！"

"正是因为你不可能提前知道，所以才叫风险嘛。"张驰加重了语气，"你不知道，难道这些事就不会发生吗？"

朱笑笑撇了撇嘴："那我哪管得了！"

张驰意味深长地呼了口气："很多事都是我们不能预知的，但不一定全都管不了。我们可以制订风险预案，告诉大家一旦风险发生时该怎么办。你参加过火灾演习吧？"

朱笑笑一下子想起来，刚到公司不久时确实参加过一次，忙说："参加过，挺好玩儿的，我第一次摸灭火器，还有人装受伤。"

张驰正色道："火灾演习非常非常重要，千万别当儿戏！9·11事件中死了那么多人，大多数都不是因飞机撞击大厦直接致死，而是因火灾烧死、憋死、摔死的！你想想啊，万一写字楼失火了，你怎么办？"

朱笑笑把舌头吐得老长："确实，我都不敢想！看样子，我还真得重视火灾演习。"

张驰抓过她的手，非常严肃地说："不仅是火灾演习，其他防范风险的措施也得熟悉。5·12汶川地震时，桑枣中学不就是因为校舍建造得结实、防震措施到位，全校两千多人无一伤亡吗？"

听到"桑枣中学"四个字，朱笑笑不禁肃然起敬："我知道，那所学校的校长叫叶志平，被大家称为'史上最牛校长'。"

看到朱笑笑有些伤感，张驰赶紧拍了拍她的肩膀："现在你知道风险预案有多重要了吧？"

见朱笑笑只是默默地点了点头，并没有说话，他又说："最后，你还要考虑两件事：一件是哪些工作需要外援，因为这直接影响你的成本、时间安排甚至质量，专业术语就叫采购；另一件就是任务分配问题，这牵扯着谁干什么、谁向谁汇报工作、信息资料怎么传递等。当然，炖个红烧肉用不着这么复杂，可你的年会就一定会涉及我前面说的所有这些。"

朱笑笑深受启发，赶紧起身，把张驰刚才说的记了下来，然后得意地举到张驰眼前。张驰一看，纸上是这么写的：

项目计划的顺序和内容

　　What——项目最终成果及其质量要求是什么？如好吃的红烧肉。

　　Why——项目基于什么需求？如红烧肉是给谁做的，他们对口味的要求是什么？

　　How——如何获得最终成果？包括做什么事（范围）、花多少钱（成本）、用多长时间等。

　　When——什么时候开始及结束？即定义"项目生命周期"。

　　Where——在什么地方做？需要哪些资源？风险在哪里及如何应对？在哪儿能找到外援？

　　Who——谁来做？如何传递信息？

　　注意：以上 5W1H 相互影响，多向循环。

张驰不得不佩服眼前这个小魔女，别看她平时迷迷糊糊的，其实思路超清晰，表达能力超强。他忙不迭地捧着她的小圆脸亲了一口："不愧是我老婆呀，太强悍了你！"

朱笑笑歪着头问："既然我的项目目标已经定下来了，下一步是不是就可以收集需求了？"

"且慢！"张驰指着"多向循环"几个字说，"用我们做软件研发的专业术语讲,项目规划是个'迭代'的过程:项目计划阶段本身也需要计划,咱们姑且称之为草案;计划阶段结束时形成实施计划,项目就可以进入实施阶段了;在实施阶段中还应该根据相关情况的变化及时调整计划,所以必须根据提前制订的变更管理计划来调整实施计划……"

朱笑笑有点儿晕:"我听你满嘴都是计划计划的,难道项目经理就是做计划的吗?"

张驰笑了:"从某种角度上说,就是如此。因为计划是项目之法呀。"

知识链接

◎ 项目计划草案的内容

在项目规划阶段的早期,列个工作清单就够了,如表2-2所示。

表2-2 年会项目计划草案

序号	任务	成果	质量要求	时限	责任人	协助人
1	收集需求	项目需求记录	得到被调查人的正式确认	12月30日(周五)12点前	朱笑笑	各部门、分公司老总
2	确认参会人数	参会人数统计表	以部门、分公司为单位调查,误差率控制在5%以内	1月31日(周二)24点前	朱笑笑	各部门、分公司接口人
……	……	……	……	……	……	……

这个清单既是对即将开展的活动的一个概括性规划,也是对自己及相关人员的一个提醒。因此,它可以帮项目经理规避一些风险。

04 项目计划的结构——项目之法也是一整套

看着朱笑笑迷惑的神情，张驰笑道："俗语说，'国有国法，家有家规'，'不以规矩，不能成方圆'。你能想象没有红绿灯的北京三环是什么状况吗？"

朱笑笑把头摇成了拨浪鼓："那怎么可能?！有红绿灯、有警察、有电子探头还堵成那样儿呢！"

张驰挥了一下手："那是另一回事。我说的是，首先要'有法可依'，加上'有法必依、执法必严、违法必究'，才能实现和谐社会。你说，法律体系的完备重不重要？"

朱笑笑歪着头说："当然重要了，可是和项目管理有什么关系呢？"张驰挑高了眉毛："我刚刚不是说过嘛，计划就是项目之法，我们做计划，不就是为了在整个项目生命周期中，对项目的方方面面进行有效管理吗？那么，你管理的依据是什么？总不能使用行业惯例或临时拍脑袋吧？换一种说法，总不能球员都上场踢球了，裁判才凑到一块儿商量什么是有效进球、什么是犯规行为吧？"

想象着一群球员在场上随便踢、一群裁判在场外争论不休的场景，朱笑笑笑得前仰后合："太好啦，那我想怎么踢就怎么踢了呗！"

张驰做了个出示红牌的动作："你尽管踢呀，别忘了，黄牌、红牌可攥在我手里。"

朱笑笑一下子泄了气："哦，我把这个给忘了。怪不得古人说'无法无天'，没有法的约束可真就乱套啦。"

张驰点点头："不仅如此，'法网恢恢，疏而不漏'，法律是一套，而不是一个。"

朱笑笑惊讶地张大了嘴："你的意思是说，项目之法也是一整套吗？"

张驰在纸上画了个金字塔:"对!从我国法律体系上讲,最高层次的是宪法,第二层的是法律,第三层是行政法规和地方性法规,第四层是部门规章……下层法规要与上层法律相一致,否则无效……"

朱笑笑抢过笔来,在金字塔的另一侧边写边说道:"这和公司内部的管理体制很像呀!你看,公司章程,财务、考勤、资产等各项管理制度,部门制度……不也是分层的吗?"她越说越兴奋,在纸上重重砸了一拳,回头问,"你说我说得对不对?"

张驰夸张地点着头,像被电击了似的。

"太好啦!"朱笑笑一个鲤鱼打挺,一屁股坐在张驰腿上,刚想撒娇,发现他的脸都变了形,吓得一下子跳了起来,"怎么啦?!"

"我的腿……麻了……"

知识链接

◎ 项目计划结构

项目计划的层次结构分为四级:

第一级,总体管理计划,即《项目管理计划》。

第二级,子管理计划,包括《范围管理计划》《进度管理计划》《成本管理计划》《质量管理计划》《人力资源管理计划》《沟通管理计划》《风险管理计划》《采购管理计划》等。

第三级,操作手册/指南,包括《变更管理计划》《配置管理计划》《需求管理计划》《过程改进计划》《培训计划》等。

第四级,项目文件,包括假设日志、问题日志、资源日志、干系人清单、风险清单,以及对项目过程进行的记录等。

项目规模不同,其管理精细度也不同,对于年会这样的小型项目,不需要写这么复杂的计划体系,但基本内容应该具备。

需要注意的是，项目计划不是一次性做出来的，而是需要一个增量迭代的过程。

项目是独特的，我们对它的认识不可能一步到位，因此，项目计划必须是可以修改的，只不过不能随便改。任何时候，项目计划都是将要展开的工作的详细规划及较长时间后才能执行的工作的简单计划的综合体。因此，项目规划工作有个别称，叫作 Rolling Wave Planning——滚动式规划。

第 3 章

需求管理——筛选干系人的需求

01 什么是干系人——谁是"大家"

梅胜男对朱笑笑的来电感到很意外,这孩子对自己从来都是能躲就躲,大事小事都得追着她问,今天怎么啦?

"梅总,我做的年会计划您看了吗?"朱笑笑的语气竟然带着些许期待,这可是太阳打西边出来了。不等梅胜男回答,她又急切地说:"我知道这个计划有诸多不妥的地方,甚至可能需要推翻重来。但是时间很紧张了,所以想请您帮帮忙。"

嗯,这才像个做下属的样子。看样子,我的高压政策还是有作用的。梅胜男一边在心里暗暗肯定自己的做法,一边回应道:"哦?你要我帮什么忙?"

"我知道,要想制订出具有针对性和可行性的计划,必须先收集需求,所以我想请您告诉我,您的需求是什么?"

"我的需求?这还用说吗,我没有需求,大家满意我就一切OK。"

啊?!这不等于没说吗?

挂了电话,朱笑笑调整了一下自己的表情,做出轻松愉快的样子,然后轻轻敲响李鄂生办公室的门。过了好一会儿都没动静,正当她犹豫着是不是该再敲一次的时候，听到李鄂生高声道："Julia，进来吧！"李鄂生自称曾在某美资世界500强里做过副总，特别强调"以人为本"，渴望把美式文化引进COSYS。为了显示公司上下平等，他极力推行员工之间以英文名字相称，说这样既亲切，又不显得过于亲密。然而由于多种原因，一直没有推行下去，连他自己有时候也会忘记，忍不住叫外号。朱笑笑作为刚入职场没两年的生瓜蛋儿，自然不敢和老总平起平坐，给自己起个英文名字纯粹是为了给别人用的，自己还是老实点儿吧！

"李总，我想向您请教一下年会计划方面的事。"

"哦。你和各个部门老总都谈过了？"

啊？！找"梅超风"和你这个副总裁还不够吗？"呃，我……我想……是不是应该先问您……"

李鄂生有些不满："年会是大家的事，不是我或梅总个人说了就算的。你应该全面了解一下大家的需求。"

朱笑笑红着脸说："梅总那里我已经问过了，她说大家满意就是她的愿望。所以我还想了解一下您是怎么想的。"

"我的需求和梅总的一样。年会是为大家开的，当然要先了解大家的需求。"

"大家？！谁是大家？"

听完朱笑笑的提问，安为善不禁一愣——这是什么问题？等搞明白了事情的来龙去脉，他忍不住点了点朱笑笑的额头："你呀！我给你的培训资料白看了，'大家'就是'干系人'哪。"

干系人？什么意思？朱笑笑根本想不起来这个概念了。

安为善轻叹了一口气："项目是人做的，也是为人做的，所以人对项目的影响非常巨大。在项目管理学科中有个术语——干系人

(stakeholder，也译为相关方、利害关系者等），即和项目相关的人。"看到朱笑笑仍然一副不知所云的样子，安为善进一步解释道，"要想确切理解这个概念，我们可以把它拆分为三部分。首先，干系人既可以指人，也可以指组织。其次，干系人与项目之间会产生双向的影响——一方面，就像物理学中的作用力与反作用力，项目可以影响干系人，干系人也可以反过来影响项目；另一方面，二者之间的影响既可以是积极的，也可以是消极的。最后，项目和干系人之间的相互影响既可能来自项目过程，也可能来自结果。"

"项目都结束了，还能有什么影响呢？"朱笑笑实在想不明白。

"什么影响？"安为善进一步解释，"影响还是很大的。某电影上映后，建设部相关领导在一次会议上点名批评剧组对它的拍摄地——云南香格里拉碧沽天池造成破坏，后来还专门出台通知，严格限制在风景名胜区内进行影视拍摄活动。无论影片本身的口碑如何，拍摄项目是否已经结束，作为项目经理都是难辞其咎的。"

朱笑笑终于恍然大悟："哦，原来如此！看样子'大家'真的是很重要呢。"

知识链接

◎ 项目都有哪些干系人？

只要和项目有关系的，都可能是干系人，如图 3-1 所示。

组织内部：项目发起人、项目经理、相关团队成员，其他项目经理及其团队等。

组织外部：竞争对手，投资人，业主，政府部门，监理，承包商，分包商，供货商，客户或用户，公民，特殊利益团体（劳工组织等），团队成员的家属等。

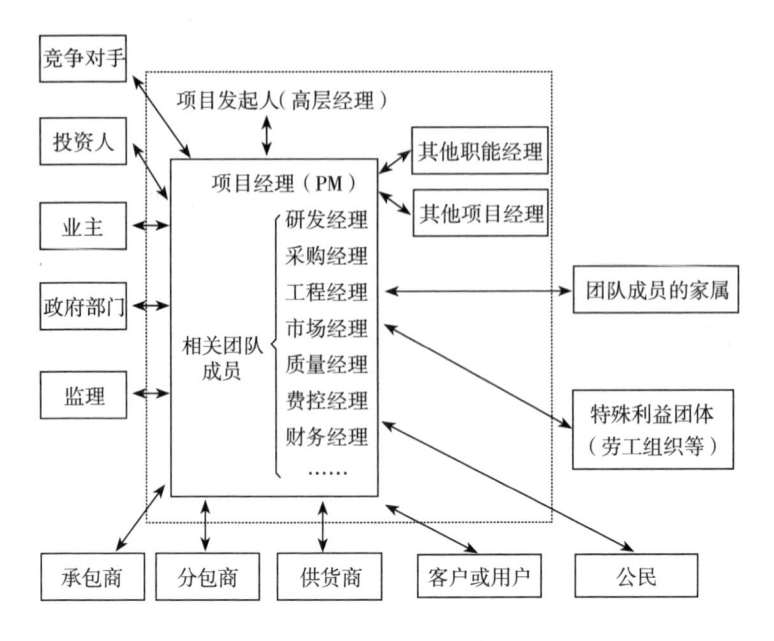

图 3-1 项目干系人

图 3-1 是比较理论化的罗列，具体项目还要具体分析。然而，不管是什么项目，都至少要关注以下干系人：项目发起人、项目经理、项目相关团队成员及其家属、客户或用户、其他项目经理。

◎ 为什么还要考虑家属？

如果家人不支持，自己很可能连本职工作都无法踏实做好，又怎么做好经常需要加班熬夜连轴转的项目呢？家属是非常重要但又最容易被忽略的干系人。因此，帮助团队成员保持与家属的融洽和亲密关系，是项目经理非常重要的管理职责之一。

02 发起人与项目负责人——谁是真正的老板

"那你说，你、我是不是也属于'大家'呀？"在得到肯定的答复

第 3 章　需求管理——筛选干系人的需求

后，朱笑笑又加了一句，"那咱们的需求是不是就能代表'大家'的需求了呢？"

安为善吓了一跳："那当然不行！因为需求是个性化的，没有哪个人能代表整个群体。"

朱笑笑烦躁地挠了挠后脑勺儿："那我到底该怎么办呀？梅总说她'没需求，大家满意就行'，李总也这么说。"

安为善被搞糊涂了："等等，小朱，你到底要说什么呢？"

"我不是在写年会计划嘛，得收集需求呀。梅总、李总没给什么具体的意见，你我又不能代表'大家'，那我该怎么办呢？"

安为善终于听明白了："说了半天，原来是你遇到瓶颈了。梅总作为年会项目承办部门的老总，当然不能自己先提什么需求，所以暂时不会说得太具体。当然，她对你这个项目负责人肯定是有要求的，不过只适用于你一个人而已。"

朱笑笑歪了歪头："哦……原来如此。那李总说的也是这个意思？"

"应该差不多，但是原因和梅总不同。李总是启动年会项目的人，他的初衷就是大家满意呀。至于什么是'大家满意'，当然先得听'大家'怎么说了。"

"那谁是'大家'呢？"

"谁参加年会谁就是'大家'啊！难道年会最后满意与否由你我说了算吗？"

"你的意思是，我得先找参加年会的人问'你想要什么'，再找李总问'大家要这些，请您看看行不行'，对吗？"

安为善慈祥地笑了："就是这个意思。"

朱笑笑皱起了眉头："那得找多少人哪！光这一件事不就得做到下半年去了。"

安为善点了点她："没听说过'抽样调查'吗？你找最有代表性的岗位，或者在各个分公司找一个对接人就行了。"

朱笑笑轻轻叹了口气："你还说年会是个简单的项目呢，我怎么看这件事儿越来越复杂了呢！"

"那是相对而言，"安为善夸张地做了个深深叹气的动作，"世界上哪儿有真正简单的项目呢？如果简单，还搞什么项目管理学科。"

朱笑笑愁容满面："可我还是觉得毫无头绪。一人一个想法，可能还不止，那得列多长的单子啊？"

"关于年会，李总难道真的什么都没说吗？"

朱笑笑努力在记忆中搜索："没说什么呀，上周五的经理办公会上，他就说'年会的时间定在节后，但也不宜太迟，晚了意义就打折扣了'，'内容方面没太大意见，反正让大家吃好、玩好就行，但也不能光是吃喝玩乐'……"

安为善一拍桌子："就是这个！李总的想法不是很清楚嘛。"朱笑笑被吓了一跳："哪个？李总说什么了？"

安为善把椅子拉近了些："时间上，李总希望过完春节马上就开会；内容上，他希望年会开得有意义；至于形式，就需要你来安排了。"

"什么叫'有意义'呢？"

"这就是你要调查和收集的信息啦。作为项目发起人，李总其实早就把要求告诉你了。"

"发起人？"

"就是给项目出钱的人，或者出资方代表。做项目的钱既然是他出的，你这个项目负责人当然要听他的话。"

"啊?！我的直接上级不是梅总吗？"

"那是从组织机构或行政管辖的角度讲的。从项目管理的角度看，你的顶头上司可是李总！"

知识链接

◎ **发起人到底是谁？**

从定义上看，发起人是"以现金或其他形式，为项目提供财务资源的个人或团体"。特别需要强调的是，作为项目经理，你必须清楚钱是由谁出的，因为出资人往往具有较高甚至最高的发言权和决策权。具体到项目中，发起人其实是执行组织内部的一个临时性职位，往往会从比项目经理职级更高的群体中选择，如部门经理、事业部经理、副总甚至总裁本人。项目的重要程度越高，发起人的职务也就越高。

◎ **为什么要指定一个管理者兼任发起人？**

因为发起人的职责，就是做"项目的保护伞"，以保证自己所代表的投资方能够获得预期收益。具体地说，发起人的职责在项目启动之前主要包括：以"项目将给组织带来哪些利益"游说更高层的管理人员，使项目获得组织支持；领导项目选择过程，直到项目得到正式批准；亲自或指定专人撰写《项目章程》和初步范围；任命项目经理。

在项目启动之后，发起人的职责主要包括：帮助项目经理进行与高级管理层和关键资源方面的协调；帮助项目经理解决其控制范围之外的问题；参与范围变更、阶段末评审；当风险很大时，做出是否继续项目的决定。

03 客户与用户——二者有什么区别

马上就要过元旦了，超市里一派喜气洋洋，红底黄字的打折让利广告贴得到处都是。朱笑笑和张驰两人在货架间疯狂穿梭，对各种优惠促销产品"上下求索"。

经过两个多小时的奋战，购物车里的商品堆成了一座小山。又排了近一个小时的队，俩人终于结了账。看着账单上的"共为您节约了"项下写着"126.39 元"，朱笑笑这个美啊！她在张驰眼前把账单抖来抖去："你看你看，省了小一百三呢！我的决策英明吧？"

张驰无奈地笑着："英明英明！可是这么多东西，咱怎么挤公交呢？"朱笑笑一摆手："挤什么公交，打车！一百多块还不够打车的？"

她志得意满地蹦上滚梯，回头一看，张驰推着一车东西，还在人潮中左躲右闪，试图突围呢。

超市门口的人巨多，而且大部分都是焦急等车的。俩人一看，坏了！这个地点加上这个时间，车恐怕不大好叫。果不其然，两部手机、近十个 App，都显示前面排队的人数将近百位，需要等近一个小时。朱笑笑既舍不得加钱，又不想拎着几大包东西挤公交车（何况下车后还得步行近一公里才能到家），一时间不知道是等呢，还是等呢。张驰提议："要不走出去一段路，估计就好叫车了。"朱笑笑别无他法，只得同意。寒风中，二人拎着沉重的袋子走出去四五百米，发现依然要排 28 分钟，朱笑笑这回算是彻底理解了"进退两难"和"欲哭无泪"这两个成语的意思。

终于上车了！瘫坐在后座上，朱笑笑的好心情早都烟消云散了："累死我了！你说怎么这么多人哪，跟不要钱似的！"

张驰安慰道："物价飞涨，大家都想省点儿呗。今天咱们买的东西确实比平时便宜不少呢！"

"唉！你说，"朱笑笑伏到前座椅背上，"打折打得这么狠，超市能赚钱吗？"

张驰扭过头来："当然能了，赔本儿的买卖谁干哪。他把成本转嫁到厂商身上就成了呗。"

"那厂商能赚钱吗？"

"厂商再挤压原材料供应商呗。"

"厂商、原材料供应商就不能不让步吗？这样下去怎么活呀?!"

张驰一挑眉毛："做生意可不就是这样嘛！强势的多赚，弱势的只能勉强支撑。"

朱笑笑穷追不舍："那什么样儿的算强势呢？"

"关键资源在谁手里，谁就强势。超市拥有大量客流，而厂商没有，超市就拥有定价权。"

"不是说'客户是上帝'嘛，怎么会这样儿？"

"那是对服务行业或岗位在工作态度上的要求，不是商业规则。否则，客户说什么是什么，还怎么做生意啊？"

朱笑笑嘴噘得老高："那也不能这样吧……"

"生意和道德是两回事儿！超市的做法其实也无可厚非，何况从法理方面来讲，买卖双方也是本着平等自愿的原则结成契约关系的。至于厂商偏于弱势，还得从自身找原因。有的厂商就很强势啊，比如五粮液……"

朱笑笑拍打着前座椅背："是啊，我看电视上说，五粮液又涨价了！"

"是呀，它为什么敢涨价？因为它的客户购买力强，对价格不敏感。"

"所以有人说，'买的不喝，喝的不买'。"

张驰回头看着朱笑笑的眼睛说："花钱买酒的是'客户'，张嘴喝酒的则是'用户'。客户和用户是不一样的！"

朱笑笑第一次听说客户和用户居然不是一回事儿："啊？也就是说，超市是厂商的客户，我们是超市的客户、厂商的用户？"

张驰摇了摇头："也不一定哦。如果我们买的东西是送人的，则用户可能还要沿着这个链条往下传。因此，从项目管理的角度讲，可交付成果的最终使用者才是用户。"

04 识别干系人——一个项目竟牵涉这么多人

"傻儿啊,我怎么越来越觉得咱们其实没占到什么便宜呢?"朱笑笑疑惑地说,"你看嘛,名义上,买东西省了一百二十多,可是打车花了三四十,去饭馆儿吃饭八十多,就差不多了。"

"而且你买的有些东西可是没什么大用的——你忘了前两天还扔了一批过期的廉价化妆品吗?这可是典型的'冲动型消费'哦。"

朱笑笑郁闷无比:"可是一看到'打折''特价'什么的,我就忍不住嘛。"

张驰握着她的手,说:"不要紧,谁没个冲动的时候?不过,'冲动是魔鬼',以后做决定的时候要多想想啦。"

朱笑笑不好意思地晃了晃身子:"好,但你要给我时间嘛。"

张驰笑着说:"我没有怪你呀。我只是说,你得试着在做决定之前先分析分析,什么会影响你的判断,是怎么影响的,才不至于血拼之后立马后悔啊。"

朱笑笑想了想:"我也不知道怎么了,特别容易被优惠信息吸引,打折力度越大,我就越觉得有便宜不能不占,明知道那个东西没太大用处,甚至打了折以后也蛮贵的,可就是有个小虫儿在心里挠啊挠……"

张驰爱怜地刮了刮朱笑笑的鼻头儿:"我知道,我偶尔也会冲动一下。不过,古人说'三思而行',我们都得好好想想,不要轻易被别人忽悠了。"

"我都这么大了,还没有自己的判断吗?"朱笑笑有点儿不服气。

"当然啦!其实,我们的任何一个决定都是在别人的影响下做出来的。"看到朱笑笑疑惑的表情,张驰举了个例子,"比如,去菜市场买菜,卖菜的想多卖点儿、卖贵点儿,而你呢,则想省点儿钱,怎么办呢?"

第3章 需求管理——筛选干系人的需求

"砍价儿呗!"

"一斤也就省个一毛两毛吧?人家在秤上稍做手脚就回来了。"

"那我随身带个秤!"

"他要是故意把价格喊高一两毛,专门等你砍价儿呢?"

"那我把整个菜市场都转一遍,看看合理的菜价儿到底应该是多少。"

"如果他们事先已经串通好了呢?"

"那……那你说怎么办嘛?"

见朱笑笑不耐烦了,张驰笑了:"别急别急,我只是举个例子。你会发现,无论你怎么做,卖菜的都应付得了;反过来,无论他们怎么应付,你也有招儿——俗话说'魔高一尺,道高一丈'。"

朱笑笑做了个不屑的表情:"是呀,电视上整天说这个不合格、那个不安全,还教了好多识别假货的办法,问题是我们老百姓也不能天天带着一大堆试纸、罐子什么的去买东西吧,这也太累了!"

张驰点点头说:"你说得太对了!那是我们老百姓控制不了的,我要说的是你控制得了或者说至少有一定影响力的东西。还是回到买菜上来,刚才咱们分析过,无论怎么做,你都不能保证自己不受骗,那应该怎么办呢?"见朱笑笑做出不知道也不打算费心思考的表情,他只好接着说,"其实很简单,你就假定他不会骗你就行了。"

"啊?!那我不成了傻子啦?"

张驰摇摇头:"不,这才叫'大智若愚'。你想啊,如果人和人之间全都互相猜疑,那还能做成什么事儿啊?"

"可我也不能干等着别人来骗我呀!"

"你这么想其实是一种偏见。首先,不是每个人都骗人的;其次,没有信任就没有合作,没有合作,整个社会还怎么运转呢?当然,你也不能做那些骗子的牺牲品。怎么办呢?很简单,我们先拿出信任和诚意，在可以承受的程度上，小范围地试一下，如果对方也回报了同样的信任和诚意，你再逐步升级。任何时候，只要任何一方不遵守游戏规则，立即结束。"

朱笑笑半信半疑："那我怎么能发现对方是否遵守游戏规则呢？我可远没有对方专业啊！"

张驰笑了："所以才需要工商、质检等部门来监管哪。因此，任何一件事其实都需要干系人共同努力，才可能产生预期的结果。"

"干系人？"

"就是相关的人，他们会对项目结果产生或大或小的影响，你必须提前识别他们，和他们沟通协调，否则项目成功的概率几乎为零。"

"对了，老安说，我们的年会项目就得考虑所有参与者呢，这干系人也太多了！"

"远远不止，你们开年会得吃饭吧？外地的人得来北京吧？到北京来不能露宿街头吧？你还得安排娱乐活动吧？饭馆儿、航空公司、铁路局、宾馆、酒店等，全都是干系人。"

"买票还不简单？至于食宿，我们是甲方，让他们干什么他们就得干什么！"朱笑笑已经困得睁不开眼了。

"刚刚说完，你有偏见。如果以为甲方就可以呼风唤雨、为所欲为，将来有你的苦果子吃！你看……"张驰举起手正要接着打比方，低头一看，朱笑笑已经睡着了。

知识链接

◎ **怎么识别干系人？**

可以从《项目章程》、相关合同、项目经验库等中收集相关信息，也可以在适当的会议上讨论。需要注意的是，组织与项目团队的定义、当事人个人的理解及事实上某人是不是项目干系人，这三者之间经常不一致。所以，为了尽可能扩大干系人对项目的正面影响、减少负面影响，我们必须尽早并持续地识别他们，分析他们的需求，并与他们适当沟通。举例来说，红烧肉项目的干系人如表 3-1 所示。

表 3-1 红烧肉项目干系人

干系人	与项目的具体关系
发起人兼客户：张驰	出钱；万一烧煳了，也得他吃
项目经理：朱笑笑	具体操作
团队成员：张驰	得在项目经理的指挥下打打下手，如刷锅、剥葱等
用户：家人或朋友	除了吃和评价，什么都不做
供应商：超市、商贩	提供健康美味的食材和调料

◎ 为什么要持续地做这些事？

因为干系人的特点是"变化"——具体的人会变，他们的需求和影响会变，他们的自身情况会变，他们和项目的关系会变……而管理干系人，是项目经理和项目团队不可推卸的责任。

面面俱到

05 什么是需求——没说出来的更重要

今天,朱笑笑给自己定的任务是收集大家对"有意义的年会"的理解和要求。可能是"节日效应"吧,老总们的时间比黄金还珍贵,花了整整一天时间,她才和各部门老总都通了话。下班时,朱笑笑的笔记本上多了这样的文字:

年会需求

1. 行政与人力资源总监梅胜男:大家满意。
2. 财务总监陆克静:钱要省着点儿花,别让员工喝多了闹事。
3. 研发总监乔斌:犒劳员工,加强研发团队的凝聚力,确定明年的研发方向,提供培训。
4. 渠道总监汤树人:展现公司对合作伙伴的重视,促进内外部沟通。
5. 销售总监伏龙腾:充分展示销售业绩,轻松愉快。

老天!5个老总一共提出了11项需求,而且谁和谁都没关系!朱笑笑不禁长叹一口气。

张驰柔声道:"又碰到烦心事了?"

朱笑笑无奈地说:"不就是那个年会嘛。周五就要讨论年会计划了,可我现在连需求都没搞清楚呢!"

张驰把她搂在怀里:"糊儿啊,你现在都做到什么程度了,给我说说看?"

朱笑笑把笔记本塞到张驰手里,他认认真真地看了两遍:"就这些?"

朱笑笑嘟起小嘴:"这还少啊?!你看这几项需求,不仅没有一个重样儿的,有的还相互矛盾——财务想省钱,研发想花钱;销售想玩儿，研发想培训。现在看来，倒是老巫婆的需求最简单。"

张驰笑了，说："你说得对，这些看起来确实很凌乱。可是你知道什么是需求吗？"

朱笑笑佯作愤怒，瞪着眼睛说："你在侮辱我的智商！"

张驰笑得更厉害了："那你说说看。"

朱笑笑知道，自己又掉到张驰挖的坑里了。不过，反正他也会把自己捞上来的。她试探着说："需求，就是一个人说他想要什么呗。"

张驰夸张地摇着头："非也，非也！"

过了好一会儿，他还是不说答案，朱笑笑急了："有话就说，有屁快放！"

张驰等的就是朱笑笑主动来问。他说："别急嘛。一个人说他想要什么，就能叫需求吗？我问你，你生气的时候，常说'我再也不想看见你了，你给我滚出去'，你是真的想让我滚着出去吗？"

朱笑笑扑哧笑了："当然不是啦！你要真的滚出去了，不就成流浪犬了嘛。"

张驰轻轻拍着她的背："是呀是呀。你的意思并不是让我出去，我要真的听你的话出去了，你不得更生气了。"

朱笑笑有点儿不好意思，不禁红了脸，扭着身子撒起娇来："我就那么一说，你哄哄我不就好了嘛……"

张驰做了个暂停的手势："哎！可是你会明确地说'我现在很生气，你得把我哄高兴了'吗？"

朱笑笑挠了挠脸："当然不能这么说，多伤自尊哪！"

张驰把脑袋一歪："那你想想，说出来的'想要什么'就是需求吗？"

这么一说，好像还真不是！朱笑笑想不明白了："那，需求到底是什么呢？"

张驰翻开安为善提供的培训资料，指着其中的一页念道："需求是指干系人已量化且记录下来的需要与期望。它又分为两种：项目需求，包括商业需求、项目管理需求、交付需求等；产品需求，包括技术需求、安全需求、性能需求等。"见朱笑笑不知所云，他又换了种说法，"需求分为明示的和隐含的两种，说白了，前者是'说出来的'，后者是'没说出来的'。你想想看，哪种更重要？"

"当然是'说出来的'重要呀，人家要求了你都不做，那还行？"朱笑笑觉得张驰问的这个问题简直弱智。

"非也！其实，'没说出来的'更重要。我们来分析一下，明明是需求，可人家为什么没说出来？原因可能有这么几种：第一，不会说。和乙方相比，甲方往往在专业水平方面比较弱，否则就不需要乙方来做项目了，因此很多可交付成果的功能与性能是他们所不了解的，甚至在看到之前根本无法想象。所以，乙方的重要责任，就是使用甲方听得懂的语言，向其详细描述项目可交付成果是什么，以获得其认可。第二，不想说。干系人会因各种原因，有意无意地隐瞒一些信息，而这些信息对于项目至关重要。第三，不能说。如一些商业机密，是绝对不能说的。第四，不知道需要说。有些需求，干系人想当然地认为是项目必须响应的，根本就没想到要说出来。比如，我们买液晶电视，认为底座是其不可分割的一部分，可实际上，很多商家的底座是单独收费的，所以一定要提前沟通好。现在，你知道为什么我说'没说出来的需求'更重要了吧？"

朱笑笑皱起眉头，联想到近日来与各位老总沟通时的情形："是哦，说出来的不一定是想要的，真正想要的不一定说出来。"

张驰竖起了大拇指："嗯，不愧是我老婆，真是聪明绝顶！"

朱笑笑一头把他撞倒在沙发上："聪明就行了，你才'绝顶'呢。"

知识链接

◎ **如何了解干系人的需求？**

一方面，可以通过对相关文件资料进行仔细阅读和分析，与干系人开会讨论等方法收集信息；另一方面，组织可以提供这方面的经验库。

◎ **必须挖掘每个干系人的需求吗？**

那倒不必。对于那些与项目关系比较紧密、相互影响比较大的干系人，必须明确他们的各项需求（包括想要什么和不想要什么）；而不那么关键的干系人，其需求则不需要详细了解。

红烧肉项目干系人的需求如表 3-2 所示。

表 3-2 红烧肉项目干系人的需求

干系人	需求
发起人兼客户：张驰	解馋，让女友获得成就感，花钱多少不在乎（但也不能太离谱）
项目经理：朱笑笑	解馋，别长太多肉
团队成员：张驰	给女友减少点儿工作量
用户：家人或朋友	解馋
供应商：超市、商贩	利润

我的需求……

06 干系人排序——不可能让所有人都满意

今天是今年最后一个工作日，公司照例只上半天班，经理办公会也挪到了年后。朱笑笑一边庆幸可以早下班，一边发愁节后的年会怎么办。对了，李总的需求还没告诉我呢！

"李总，这是我记录的各部门需求，现在就只有您的需求还没有收集了。这是我写的计划，请您过目。"

"需求？你知道什么叫需求吗？"李鄂生对那厚厚一沓纸瞟了一眼，把手压在上面，盯着朱笑笑的眼睛问，"那你的计划有没有响应各位老总的需求呢？"

嗯？！计划响应需求，什么意思？朱笑笑有点儿慌神："呃……有的安排了，有的……呃……我还没收集您的需求呢……"

李鄂生心知几乎一张白纸的朱笑笑不可能把事情一次做到位，也不想在她身上浪费太多时间，干脆直说："我的需求很简单，第一，通过年会提高员工凝聚力；第二，预算要控制在利润额的1%以内；第三，在公司财年结束之后尽快开。"

见朱笑笑飞快地记录着，李鄂生看了看表："Julia，我马上还有事儿，你没问题了吧？"

朱笑笑忙抬起脸，目光却还停留在笔记本上："稍等稍等！呃……"真恨自己是个单线程，来了新任务时特别卡，甚至直接断片儿。

"呃……好了。到目前为止，我已经收集到了14条需求，其中只有'提高员工凝聚力'是重复的，说明这条比较受重视，可是该用什么来衡量呢？而且员工凝聚力的提高需要时间，一个年会恐怕很难达到这个效果啊！"

李鄂生皮笑肉不笑地说："如果连这个都做不到，还开什么年会啊？有钱干点儿什么不好?!"他站起身来，一边整理领带一边往外走,"我得走了,你……"

朱笑笑偷偷吐了下舌头,赶紧追上去:"我还有一个问题,有些需求相互矛盾,我该怎么取舍呢?"

李鄂生头也不回地说:"你不可能让所有人都满意!"

不可能让所有人都满意,那要让谁满意呢?朱笑笑看着笔记本上的记录,犯起了愁。

"这个问题很好解决嘛,你给干系人排个顺序就行啦。任何一件事都不可能让所有人满意,所以你必须学会取舍。"朱笑笑回到家后,张驰给出了建议。

"啊?!难道可以允许某些干系人不满意吗?"朱笑笑觉得不可思议。

"你这可是个重大误解啊!"张驰神秘地笑了,"你知道吗,'满意'的反义词并不是'不满意',而是'没有满意'。与此相应,'不满意'的反义词也不是'满意',而是'没有不满'。"

"绕死了,听不懂!"朱笑笑有点儿抓狂。

"别急别急,我举个例子哈。你想想,如果公司给你发工资,提供五险一金,你会满意吗?"

"不会,所有公司都提供这些待遇啊。"

"可是如果不给你足额缴纳住房公积金呢?"

"那怎么行?!那是违法行为,我告他去!"朱笑笑义愤填膺地说。

张驰笑了:"也就是说,你会非常不满意,对吧?那如果公司给你提供了培训、更具挑战性的任务等可以帮助你更快成长的机会(这些可不是法律要求的),你有什么感觉?不提供这些的话又是什么感觉?"

朱笑笑歪头想了想说:"有这样的机会当然好啦,我会非常满意;没有的话,反正也不是公司的义务,所以我也没什么不满。"

"这下你明白了吧?"在朱笑笑敬佩的目光中,张驰摆了摆手,

"你也别佩服我,这不是我总结的,而是一个叫弗雷德里克·赫茨伯格的心理学家通过实验得出的结论,叫双因素理论。这个理论告诉我们,在管理员工时,你得知道什么可以让他们满意,而什么会导致不满甚至抗拒。"

"那放到年会项目上,又该怎么取舍呢?"

"我刚才已经说过,你给干系人排个序就行了。"见朱笑笑还是不知所指,张驰咧开嘴笑了,"其实,项目的目标本来就应该是'让关键干系人满意,非关键干系人没有不满'。"

"哦。"朱笑笑若有所思地点点头,又抬起头来问,"该怎么排序呢?"张驰扯过一张纸来,一边写一边说:"主要分这几个步骤:第一,分析一下项目有哪些干系人,列个清单。第二,分别分析各个干系人的需求和期望是什么。除了询问他们以外,还可以进行换位思考,设想一下自己处在那样的位置,需求是什么。同时,还可以使用反向定义的方法,即回答'这个干系人不想受到项目的哪些影响'或类似问题。第三,分别分析每个干系人和项目间的关系,并给以定性评价。分析维度有很多种,最常用的是权力和影响维度——权力指的是干系人的职权大小,或施加自己意愿的能力;而影响则指干系人主动参与项目的程度。此外,还有紧急程度、合法性等维度。第四,使用矩阵图对干系人进行分类和排序,并制定相应的管理策略。如使用权力/影响矩阵评价后,可以得到四类干系人及对应的管理策略(见图3-2)。"

"哦,这样就能知道必须让谁满意,而谁没有不满就行啦!"朱笑笑高兴得摇头晃脑。

"不过,这种分析和排序不能一个人说了算,而是应该在一定范围内得到共同认可才行。由于不同的人对不同维度的理解不一致,所以要事先对各个维度和什么是大、什么是小给出明确的定义。"张驰喝了口水,接着说道,"此外,这种分析的详略程度应与项目本身的

第 3 章　需求管理——筛选干系人的需求

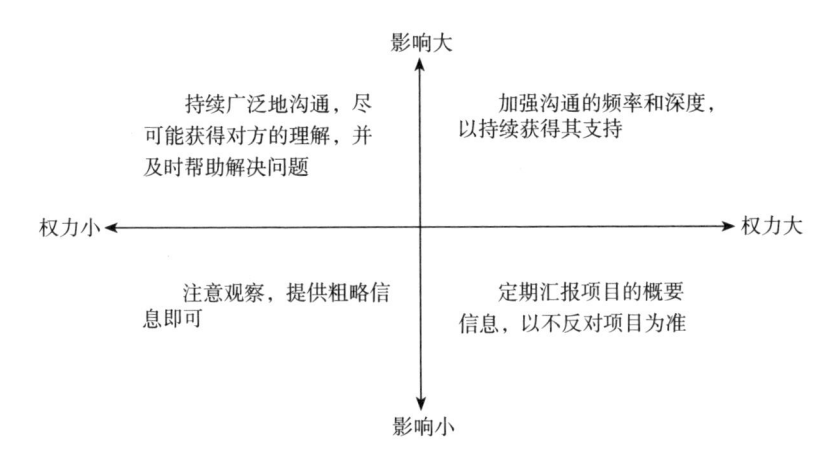

```
                    ↑ 影响大
   持续广泛地沟通，尽       加强沟通的频率和深度，
   可能获得对方的理解，并    以持续获得其支持
   及时帮助解决问题

权力小 ←─────────────────────────→ 权力大

   注意观察，提供粗略信     定期汇报项目的概要
   息即可                   信息，以不反对项目为准

                    ↓ 影响小
```

图 3-2　四类干系人及对应的管理策略

复杂性相对应。使用不同矩阵图进行分析的话，同一个干系人得到的评分可能有较大区别，所以可以使用多个维度进行综合分析。"

朱笑笑手痒难耐，已经迫不及待地在张驰画的图上写写画画起来。过了一会儿，她又满脸愁云地抬起头来："馊儿啊，我分析来分析去，各位老总、所有与会员工都挺关键的，甚至连宾馆、酒店都不能忽略，就我自己最不重要了，排在了最后面，呜呜呜……"

张驰揪了揪朱笑笑那能拴住两头犟驴的小嘴，笑呵呵地说："你的年会项目确实比较特殊，关键干系人众多。不过，好在他们的需求应该比较集中……"他还没说完，朱笑笑就跑了。就在张驰觉得莫名其妙的时候，他被朱笑笑迎面贴过来的一张纸蒙住了脸。只听到朱笑笑凄厉地叫道："集中？你好好看看吧！"

知识链接

◎ 到底谁是关键干系人？

其实并没有标准答案，也没有普遍适用的标准和模板，需要具体项目具体分析。然而，从终极意义上说，用户仍是我们在干系人管理方面的重中之重。这主要是因为，用户作为产品的最终使用者，是客户的客户，在我们提供的可交付成果是否符合其需求与期望方面最有发言权——这也意味着客户是否愿意向我们付款，进而决定执行组织是否有项目收入和利润。

红烧肉项目干系人的排序如表3-3所示。

表3-3　红烧肉项目干系人排序（张驰的看法）

序号	排序原因
1	朱笑笑：不仅决定了红烧肉的口感，更是未来生活质量高低的决定性因素
2	家人或朋友：对红烧肉好不好吃有发言权，直接影响着女友将来的创作激情
3	超市、商贩：食材质量决定了红烧肉的质量，而价格是否合理则影响着女友的心情，将对可交付成果的质量高低产生隐性却重要的影响
4	张驰：出钱又出力；红烧肉好吃要少吃，不好吃要全吃；全力以赴维护女友的自信心

07　需求分析——把相同的需求合并

张驰扫了一眼朱笑笑的记录，眯起眼睛笑了："糊儿啊，这些需求很好满足嘛，你愁什么呢？"

朱笑笑重重地眨了一下眼睛："6个人14条需求，还基本没有重样儿的，怎么满足嘛！"

张驰伸出修长的食指，在记录上指指点点："你看啊，第一条需求可以浓缩成'凝聚力'三个字，第二条是'预算控制'，第三条是'时间'……你把每条需求的关键词都提炼出来再看看。"

朱笑笑一边拿笔在纸上写写画画，一边和张驰讨论，不一会儿就有了惊人的发现。

第3章　需求管理——筛选干系人的需求

年会需求

1. 总经理李鄂生：

    • 通过年会提高员工凝聚力——凝聚力；

    • 预算要控制在利润额的 1% 以内——预算控制；

    • 在公司财年结束之后尽快开——时间要求。

2. 行政与人力资源总监梅胜男：

    • 大家满意——？

3. 财务总监陆克静：

    • 钱要省着点儿花——预算控制；

    • 别让员工喝多了闹事——安全。

4. 研发总监乔斌：

    • 犒劳员工——快乐；

    • 加强研发团队的凝聚力——凝聚力；

    • 确定明年的研发方向——年度计划；

    • 提供培训——员工发展。

5. 渠道总监汤树人：

    • 展现公司对合作伙伴的重视——伙伴关系；

    • 促进内外部沟通——凝聚力。

6. 销售总监伏龙腾：

    • 充分展示销售业绩——员工发展；

    • 轻松愉快——快乐。

原来，这些看起来杂乱无章的需求，可以用这种方式合并同类项啊。合并之后，需求就变成了这个样子：凝聚力3次，预算控制2次，时间要求1次，安全1次，快乐2次，年度计划1次，员工发展2次，伙伴关系1次。

张驰的笑里多少带着些得意："你看看，老总们的需求还是挺集中的嘛，一共就这8条而已！"

朱笑笑咬着笔杆说："8条也不少啦。'凝聚力'一共出现了3次，肯定是最重要的了；'预算控制''快乐'和'员工发展'都出现了2次，也比较重要；其他只出现1次的就可以不必考虑了。对不？"

张驰摇了摇头："没那么简单。就拿'时间要求'这条来说，年会怎么能不确定时间呢？更何况这条还是你们总经理提出来的。"

朱笑笑挠了挠后脑勺儿："是哦。安全也必不可少，年度计划又是年会的主要目的。那怎么办呢？"

张驰扯过一张纸，推到朱笑笑面前："凡事不可能一步到位，这个暂且放到一边。你打算在年会上安排哪些活动呢？"

朱笑笑不好意思地笑了："我也是从各种渠道搜集来的，无外乎会议、室内外游乐呗。"

张驰在纸上敲了敲："好记性不如烂笔头，你还是写下来吧。"朱笑笑其实已经想不起来自己在计划中都写过什么了（因为都是抄的嘛），她赶紧把计划拿过来，一边翻一边记下了年会可能采用的各种活动形式。张驰拿起笔画了起来："你看看，不同的活动形式能满足不同的需求（见图3-3）。"

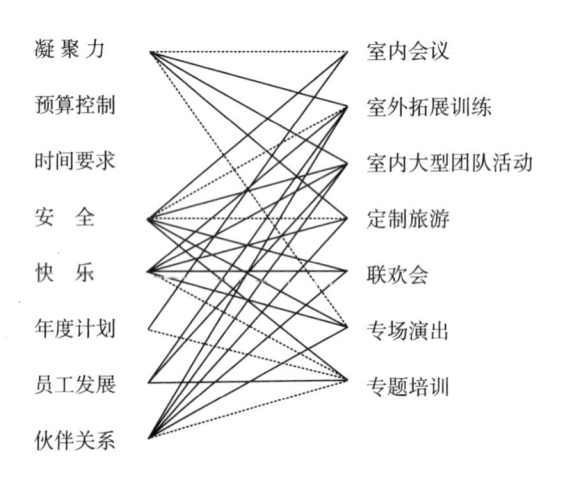

图3-3　不同的活动形式能满足不同的需求

第3章 需求管理——筛选干系人的需求

"实线表示完全能满足需求，虚线表示也许能满足需求。"他一边画一边说道，"画完你就能看出趋势了。"

朱笑笑眼睛瞪得溜圆："咦?! 原来可以这样分析啊！这么说来，室内大型团队活动、室外拓展训练和专题培训是最能满足需求的啦！"

张驰拿笔在桌边上敲出了鼓点："是呀。不分析，怎么能让老总们满意呢？好多公司开年会，只知道搞些培训呀、康体呀、联欢呀什么的，钱也不少花，效果却不怎么好，就是不会分析哦！"

朱笑笑不住地点头，心里对张驰佩服得五体投地："那我们的年会就安排团队活动吧！"

张驰像被蜇了一下似的赶紧摇头："那可不行！只用这一种形式，固然可以满足凝聚力、员工发展等需求，但年度计划这一项怎么办？年会年会，不就是每年开一次的会嘛，计划和总结是必不可少的。"

朱笑笑突然想起来，李鄂生在上次经理办公会上曾说过这样的话："节前开会不现实，就定在节后吧，但也不宜太迟，晚了意义就打折扣了。内容方面我没有太多意见，反正让大家吃好、玩好就行，但也不能光是吃喝玩乐，对吧？"那意思，就是还得"寓教于乐"呗。

"这么说，室内会议还是必不可少的了？"朱笑笑有点儿泄气，她最讨厌开会了——空气又差，气氛又闷，听了半天还跟自己没什么关系！

张驰搓了搓鼻头儿："少不得开会。但是，你可以通过合理的日程安排，把会议压缩得短而精。"

朱笑笑点了点头："好！那预算控制和时间要求怎么办？"

张驰打了个哈欠："这还用说？哪种形式也少不了要做预算、合理安排时间哪。别忘了，任何一个项目，时间、成本、质量三大目标都是不可或缺的。"

知识链接

◎ **如果干系人要求的和我们希望的不一样，该怎么办？**

那就要动态调整项目目标了。需求收集、记录、分析、排序等只是手段，目的还是在于明确定义项目目标，并得到干系人的确认。

◎ **项目目标不是在启动的时候就定了吗，为什么还要绕这么一大圈？**

项目启动时定义的目标是"我们希望能完成的目标"，但不一定是"干系人要求交付的目标"。别忘了，项目的价值是通过可交付成果来实现的。我们来看看红烧肉项目的需求分析（见表3-4）。

表3-4 红烧肉项目需求分析

需求	提及次数	干系人	对策
解馋	3	发起人兼客户：张驰 项目经理：朱笑笑 用户：家人和朋友	必须满足，一则提出这个需求的干系人数量比较多；二则做红烧肉不就是为了好吃吗
成就感	1	发起人兼客户：张驰	女友永远排第一
给女友减少点儿工作量	1	团队成员：张驰	不能累着女友
别长太多肉，要健康	1	项目经理：朱笑笑	买偏瘦的五花肉吧，但肥肉太少真的不好吃。不过也无所谓啦，吃一块也是吃，吃十块也是吃
利润	1	供应商：超市、商贩	咱们只能砍价，不能定价
预算不封顶	1	发起人兼客户：张驰	这个嘛，等于没说

第 4 章

规划沟通——沟通也要提前计划

01 什么是沟通——不仅要沟，还要通

车水马龙的街头，朱笑笑茫然无措地站在公交车站，想不起来自己的目的地。我这是要去哪儿？哦，去上学……可是学校在哪儿呢？在地图上一查，妈呀，学校在城市的另一头，要换几次车才能到，迟到已成定局！她抬头一看，正好车来了，赶紧跟着一大群人往上挤。刚上车，突然发现自己没带书包，她立即转过身想往车下挤，可怎么都动不了。汽车喇叭声、孩子的哭喊声、大人的抱怨声、被她撞到的人的咒骂声，排山倒海般地淹没了她……

"哎，哎，醒醒啦！"突然，张驰的声音从嘈杂的声音中清晰地凸显，"接电话！"

朱笑笑好不容易撑开眼皮儿："哦，原来是做梦，急死我了！"接过张驰递过来的电话，一看是"梅超风"。这大过节的，也不让人踏踏实实地睡个懒觉！

"Julia，我收到你发给我的需求记录了，我想知道你发给我这个邮件的意图。"

啊?! 不是应该早请示、晚汇报吗？从小我娘就这么教导我的呀！

"呃……需求记录很重要，我想应该向您汇报一下……"朱笑笑实在不知道该怎么回答这个问题。

"Julia，你知不知道什么事儿必须汇报，什么事儿不需要汇报？"

"梅超风"怎么净问这么怪异的问题呀？

"做下属的，应该事事汇报吧。"

"你想过没有，如果事事都来找我，还要你做什么？"

朱笑笑一下子被噎住了，不过心里也在嘀咕：如果不找你，还要你做什么？

见朱笑笑没有回应，梅胜男缓和了一下语气："任务有轻重缓急，信息有长短多寡。管理者每天要面对很多任务和信息，没有时间和精力全部了解，排序、筛选和建议是下属的职责，你明白吗？老总不是做论述题的，只做选择题！"

"哦……"朱笑笑似懂非懂。

梅胜男接着说："你把年会的需求发给我，是想让我来取舍吗？"

"没有，我只是想汇报一下这项工作的进展。"

"可是你在邮件里并没有表达这个意思。你看，你写的原文是'梅总，这是我收集的需求，请审批'，按我的理解，就是让我来取舍。"

"我不是这个意思！我的本意是年会项目已经形成了这个文件，请您先看一下，计划我还在编写中，等写好了再发给您。"

"可是你的邮件里并没有表达这层意思，而且使用了'审批'这个词。"

朱笑笑不好意思地说："哦，我只是觉得'审批'一词比较正式。"

梅胜男正色道："书面文字本来就比口头沟通正式，你又使用了这么一个词语，我当然会这么想啦。说句实话，看了这封邮件，我感觉老总不是我，而是你！"

知识链接

◎ **给老总写邮件，难道不应该正式些？**

"正式"是对的，但是"生硬"就不对了。很多时候，我们的失败不是由于经验或资源不足，而是缺乏沟通能力。

◎ **我们天天都在沟通，怎么会缺乏这方面的能力？**

你说的是"听说读写"，不是"沟通"。真正的沟通是由两部分组成的，传递信息只是"沟"，更重要的还在于"通"，即所要传递的信息必须真正被对方全部、正确地理解。做不到这点，可能会产生灾难性的后果。与专业技术能力相比，项目经理的沟通能力对项目成功更关键。

◎ **怎样才能"通"？**

要了解对方的特点和需求，然后站在对方的角度看待问题，用对方听得懂的语言说话。

打死我也不说

02 项目沟通计划——老总只做选择题

朱笑笑睡意全消，坐在床上发呆，张驰拉了她一下："好不容易放假了，还不多睡会儿？"

朱笑笑回头看着他："刚才'梅超风'说的'老总不是做论述题的，只做选择题'是什么意思？"

张驰伸了个懒腰："才毕业一年多，你就忘了考试题型了？论述题就是分析题意，给出自己的判断，并且说明这个判断的合理性；选择题当然就是在给定的几个答案里选择啦。"

朱笑笑趴到枕头上，歪着头问："为什么老总只做选择题呢？"

张驰想了想说："这是由分工决定的。相比而言，老总是决策者，而他的下属则主要负责收集信息、提供建议。"看朱笑笑不明所以，他又说道，"咱们换位思考一下，假设你是个管理者，并且有两个下属。甲天天将一大沓资料堆到你面前，说：'老总啊，我现在碰到什么什么事情了，你说我该怎么办呀？'而乙则定期向你汇报进展情况，平时没事不找你，碰到难以解决的问题时，他也会抱着一沓资料来找你，递给你最上面一张，说：'老总啊，我现在碰到什么什么事情了，这件事儿可以有A、B两种解决方案，它们各自的优点和缺点分别是什么什么，我个人觉得A对我们更有利，但可能需要您承担什么什么风险，您的意见是什么？'当你问具体细节的时候，他可以在那一沓资料里迅速找到相应的信息。甲乙两人，你喜欢哪一个？"

朱笑笑一拍枕头："当然是乙了！有他做下属，我多省心呀！那个甲，什么主意都没有，动不动就给我找事儿，干脆开掉！"

张驰笑了："是呀，做下属的职责，不仅是'干活儿'，更在于要帮助上级更高效地做出正确决策——这就是选择题的意思呀！"

"哦，原来老总喜欢让他省心的下属呀！"朱笑笑原来以为自己是天底下最好的员工，此刻突然发觉原来还差得远，"那该怎么做一个让老总省心的下属呢？要是有人天天追着我做选择题，我也受不了呀！"

"这只是打个比方。在工作中，不是所有任务都可以做选择题的，可能还会有论述题、判断正误题、填空题、计算题等题型——重要的不是题型是什么，而是谁在什么时候做哪种题，由谁出题，由谁判断审批等。"

"听你这么说，好像出试卷似的！可这些和项目管理有什么关系呢？"朱笑笑觉得既迷惑又有趣。

"我只是打个比方。管理项目确实是对人的能力的巨大考验，尤其是沟通能力。刚才你们老总对你不满意，就是嫌你的沟通有问题。"

"那我应该怎么和老总沟通呢？"

"以'如何让对方更方便高效地协助你'为原则，做个沟通计划吧！"

"啊？沟通还需要计划吗？"朱笑笑从没想过这个问题。"当然啦！如果不经计划，想什么时候去找老总就什么时候去，又不事先准备好选择题，老总不烦才怪！"

"哦。那该怎么制订沟通计划呢？"

"很简单。首先，确定与项目有关的信息。比如，国际原油价格波动对石油勘探项目影响重大，对软件研发项目就几乎没有影响。"张驰停顿了一下，确认朱笑笑听懂了，又接着说道，"其次，识别干系人——不光是老总啊——需要什么信息，什么时候要，详细程度如何，以什么方式传递给他，是否需要反馈，需要什么样儿的反馈，由谁收集和保管这些信息等，把这些记录下来就行啦。"

"听你这么说，我得好好计划一下，和各位老总怎么沟通……"朱笑笑把枕头紧紧抱在怀里，陷入沉思。

见她沉思不语，张驰碰了碰她的肩膀："想什么呢？不睡就赶紧起床吧。咱们早点吃什么呀？"

朱笑笑一摆手："你想吧，我只做选择题。"

"啊？！我也想做选择题……"

"可以呀！我现在就让你选：你是亲自做早点呢，还是下楼买回来吃？"

知识链接

◎ **给老总发信息，应该注意什么？**

1. 目的明确：在开头即说明发信息的目的，让老总一目了然，便于快速决策或回复。

2. 内容准确：确保信息准确无误，尤其是数据、时间等关键信息，需反复核对。

3. 风格专业：语言风格应专业、正式，避免使用过于随意或口语化的表达。

4. 格式规范：信息排版清晰，段落分明，重要信息可适当加粗或使用符号强调。

5. 简洁明了：信息内容需精练，直奔主题，避免冗长叙述，确保老总能迅速抓住重点。

6. 时间适宜：考虑发送时间，避免在老总忙碌或休息时段打扰，尽量在工作日的合理时段发送。

7. 用语礼貌：使用尊称，如"尊敬的×总"，并在结尾处表达敬意，如"期待您的回复，谢谢"。

8. 跟进反馈：若信息重要且需及时响应，可适当跟进，但注意频率和方式，避免给老总造成困扰。

03 干系人的信息需求——不是问得越详细越好

新年第一天,张驰决定给心爱的女友买个礼物,于是两人一大早就高高兴兴地来到西单。出了地铁一看,黑压压一片全是人!红底黄字的促销广告随风招展:马路这边"满 100 返 55",那边"满 99 返 58"!朱笑笑一下子就沸腾起来了。

为了少花钱多办事儿,两个人把附近的几家商场都考察了一下,大概圈定了想买的东西。已经下午一点多了,为了节省时间,俩人决定吃快餐。

吃饭的人可真多。看着工作人员忙乱的身影,朱笑笑有些绝望地想,也不知道什么时候自己的取餐号才能在显示屏上出现。此时,顾客与工作人员的对话引起了她和张驰的兴致。

"您能帮我点餐吗?我不太会用手机点餐。"

"可以,先生。请问您要点什么?"

"一个汉堡。"

"辣的还是不辣的?"

"不辣的。"

"您要是再加两块钱就可以换成双层汉堡,可以吗?"

"好的。"

"请问您还要点什么?"

"一包薯条。"

"请问您需要大薯、中薯还是小薯?"

"中薯。"

"我们现在最新推出了薯条摇摇乐,您想试试吗?"

"不需要。别忘了番茄酱。"

"好的,先生。您还要点什么?"

"饮料。"

"有雪碧、红茶、可乐、芬达，您需要哪一种？"

"可乐。"

"您要的是大杯、中杯、小杯还是瓶装？"

"中杯。"

"需要加冰吗？"

"要。"

"加冰稍微多一点儿还是稍微少一点儿？"

"差不多就得了！"

"那给您加稍微多一点儿可以吗？"

"好吧，谢谢。"

"那好，您是在这里吃还是带走？"

"在这里吃。"

"一共是二十一块五毛。先生，您用支付宝还是微信？"

"支付宝。"

"好的，先生，收您二十一块五毛。"

当朱笑笑的取餐号出现在取餐列的第一位时，张驰以迅雷不及掩耳之势冲到服务台。朱笑笑一边满意地看着在桌对面就座的张驰，一边迫不及待地将手伸了出去。

吃饱喝足的朱笑笑伸了个懒腰，心满意足地环顾四周。刚刚那位点餐的顾客也取回了自己的餐，并坐在朱笑笑的邻桌。他仔细地把包着汉堡的包装纸剥去，双手抓着汉堡的两边，以防止里面的配料掉出来。他很享受般地深深地一口咬了下去，而后慢慢地咀嚼，但很快他就停了下来并皱起了眉头，仔细地查看了一下餐盘里还未扔掉的清单。他的眉头越皱越紧，甚至表情有点儿愤怒，猛地站起身来，大跨步地向服务台走去。

"嗨，我说你们怎么回事？我明明点的是不辣的汉堡，为什么给我的是辣的！"他指着清单质问服务员。

"啊？对不起，先生！"服务员一边道歉，一边歪头望向顾客转向他的清单，"哦，真是对不起，先生，我当时可能听错了。给您换一个成吗？只是麻烦您再多等一会儿。"

"做事就不能认真点儿吗？！"

"真对不住了，下回我一定注意，给您添麻烦啦！"

也许被服务员友好的态度打动了，顾客叹了口气缓缓地说了一句"那也只能这样了"便向餐桌走去。

唉，看来很多时候真不是问得越细越好，很有可能忽略了干系人真正的信息需求！朱笑笑心里嘀咕。

知识链接

◎ **在需求调查的时候难道不是问得越详细越好吗？**

这要看可交付成果本身的复杂程度。

快餐本身是个简单的产品，搞得那么复杂不惹人烦才怪。如果是软件系统这样复杂的产品，还是要了解得透彻些才好。重要的是，我们得提前弄清楚项目本身的特点及干系人对沟通的需求。

◎ **在沟通方面，干系人有哪些需求？**

需求主要包括以下方面：谁需要什么信息，什么时间要，详细到什么程度，以什么方式提供，由谁提供，由谁审批，需要怎样的反馈，如何存储等。这些需求一方面由项目沟通计划予以确认，另一方面则体现在项目状态报告中。例如，红烧肉项目干系人对信息的需求如表4-1所示。

表 4-1 红烧肉项目干系人对信息的需求

干系人	对信息的需求
朱笑笑	什么时候吃,多少人吃,做多少,口味要求是什么
家人或朋友	什么时候吃,管饱吗
超市、商贩	买什么,买多少,打算花多少钱
张驰	需要自己做什么,女友高兴吗

信息汪洋

04 项目状态报告——要及时更新

再次冲进商场,朱笑笑越逛越抓狂。不是所有的商品都按照同样的幅度返券,广告上说的"满100返55"是促销力度最大的,还有满100返45、35、25和15的几档,而且只有现金消费的部分才返券。最让人崩溃的是,几乎所有商品价格的最后两位数都是99,也就是说,凑不出一个百位数就得损失几十元的购物券。

第 4 章　规划沟通——沟通也要提前计划

要想得到最大幅度的优惠，就得花尽可能少的现金、尽可能多的购物券。俩人楼上楼下转了好几圈，把想买的东西排列组合了若干次，天黑了还没买到一件东西。朱笑笑瘫坐在楼梯上，任张驰怎么拉也不起来了。

"花钱送券，用券补钱，再送券再补钱……什么时候是个头儿啊？"

"没办法啊，糊儿，想省钱就得费功夫！"

"明明白白打折不行吗？让我们这么跑，累死人啦！"

"直接打折了还能有这样的人气啊？商家要的就是让你算不明白。否则，大家的价格都摆在桌面上，还怎么在一个地方混哪？"

"那也不能拿我们不当人哪！这么绕来绕去的，数学家也累得够呛！"

"谁让咱们想省钱呢？要是想省力，就不需要关注那些杂七杂八的促销信息了。"

"你是说，目的不一样，关注的信息就不一样？"

"是啊！你想，咱们如果就想买一件大衣，那就先选款式、面料、颜色、品牌，只要价格在预算内，直接掏钱就是啦，至于返多少购物券，那都是'附送礼品'，咱再换个喜欢的东西买就行了。"

买到了喜欢的东西，还能得个赠品，多美呀！朱笑笑听得兴高采烈。

张驰接着说道："如果咱们想买两件东西，那就先买返券多的那件，再拿返券买另外那件，如果还有返券，仍然是咱们得的'赠品'。可咱们不知道想买什么，只是本着'有便宜不占白不占'的原则，尽可能找购物券能完全花干净的组合，那可就累喽！"

"是哦，是目标决定了我们要收集哪些信息。"

"所以，依我说呀，咱们先别瞎转悠了，先好好考虑咱们的目标是什么吧。毕竟买的不如卖的精，咱是买礼物来的，不是跟商场斗心眼儿的。"

"那你说该怎么办呢？"

"咱们得改变被商场牵着鼻子跑的'穷追战略'。这样好不好，先挑件你最喜欢的，然后再去挑你的第二件礼物。"

"东西那么多，鬼记得住啊！"朱笑笑的嘴噘得能拴头驴。

张驰掏出手机，得意地朝朱笑笑晃了晃："呵呵，你试的每件衣服、每双鞋子我都拍下来了，品牌、价格、返券额度都在里面呢。"

朱笑笑翻着手机里的照片："唉，你这些照片有个顺序没有啊？哪个价格是对应哪个东西的呀？"

张驰一拍脑门儿："哟，我把这个给忘了！看样子，再简单的事儿也不能忘了要及时更新项目状态报告呀！"

"我每周都写周报，这算不算更新项目状态报告呢？"朱笑笑现在对"项目"这个词高度敏感。

"周报是从'上级主管分配给你的工作进展如何'这个角度来要求的，更偏重于运营管理，并且你的汇报对象是直接上级。而从'项目'角度看，"张驰摊开手掌，"你需要定期向包括项目经理在内的干系人汇报项目进展及相关问题，这才是项目状态报告的目的。至于多长时间汇报一次，要看你的项目有多复杂、周期有多长。比如，针对一个为期12个月的项目，每周召开项目团队碰头会，一个月向客户和干系人提交一次报告是比较适宜的；如果项目生命周期只有3个月，也许项目组仍然可以每周开例会，但向关键干系人传递信息的时间间隔最长不要超过两周。此外，任何时候出现了重大意外情况，都要及时进行沟通，决不能延误！"

"这个报告要发给哪些人呢？"

"理论上说，所有干系人都有权利接收与他们利益相关的信息，这就是所谓的'知情权'。可是，在实际操作中，还是要根据项目涉及面的大小来确定干系人和项目之间的关系，分析他们对信息的需求，这就是你要在项目沟通计划里确定的。"

"可是干系人需要的信息是不一样的呀？"

"所以，项目状态报告应该根据他们各自不同的需求，准备多个版本。就像现在，我们只能看到'满多少返多少券'的信息，至于某种商品还有没有货，和哪个品牌返券额度一样，都得我们自己跑腿儿。咱们虽然是消费者，可在商场看来，这些信息需求是可以不满足的啊！"

朱笑笑揉着自己生疼的脚，连叹气的劲儿都没了。

知识链接

◎ **如何针对不同的干系人，提供不同版本的状态报告？**

可以参考这个原则：与项目关系越紧密、在项目组织结构中层级越低，需要的信息就越多、越详细。

◎ **这些内容的详略程度怎么体现？**

通过显示的项目层次来体现：最粗略的站在"项目里程碑"高度就可以了，细些的可以定位在"工作包"层次，最细的则要详细到"活动"这一层（详见第8章"02 工作分解结构——项目是一棵树"）。无论详略程度怎样，都应该以直观的图表方式提供，这样可以节约干系人的时间。

厕所呢？

第 5 章

产品分析——怎么才能不掉链子

01 产品分解图——管项目和做项目是两码事

终于盼来开会的日子了！自从被任命为年会项目负责人以来，对经理办公会由畏惧到期待，朱笑笑在短短两周时间里就转变了态度。一来，馊儿说"是福不是祸，是祸躲不过"，"困难是弹簧，你弱它就强"；二来，这稿计划终于逃过了"梅超风"的魔爪，连她都没提什么实质性的修改意见，其他老总应该更能看得上眼吧。

终于熬到了年会议题，李鄂生照例让朱笑笑介绍情况。朱笑笑磕磕巴巴地把计划大致念了一下，怯生生地说："请各位老总提意见，并且确定一下开会的时间。"

"你那 80 万元的预算是怎么来的？"对数字高度敏感的陆克静紧盯着朱笑笑问。

"呃……这是去年年会的花销，我想，都是年会，应该差不多的。"陆克静无声地从鼻孔里哼了一下："去年什么物价，今年什么物价？这数字有意义吗？"

见朱笑笑不知如何作答，李鄂生干笑了一声："Lucy（陆克静的英文名）说得有道理。Julia，这个数字确实不太现实。我记得曾经向你提出过要求，年会预算要控制在利润额的 1% 以内。"

朱笑笑小声反抗着："可是，我并不知道去年的利润额呀！"

李鄂生微微点了点头，转头看着陆克静，陆克静却故意不看他，而是皱着眉头盯着朱笑笑："财务数据还没算完，我这里出不来数字。"李鄂生无奈地轻轻叹了口气："那么，请你先给个大致的数字吧。"

陆克静转过头去，皮笑肉不笑地看着李鄂生："李总，我们财务只拿精确的数字说话，而这些数字要到 12 月 31 日 24 点整才能明确下来，加上甄别、汇总、计算、核实，怎么也得七八周——每年年初我们财务都要加班加点，你也都看到了。要是大致数字就成，我们财务部就不用加班了。"

对财务人员这种固执、僵硬的职业思维，李鄂生也无可奈何。"那这样吧，Julia，你根据年会活动、参加人数等再仔细核算一下。至于召开时间，"他不想在预算这件事上再纠缠下去，赶紧转换了话题，"公司财年是从 4 月 1 日开始计算的，刚好又是周末，干脆就安排在那两天吧。"

"那不太合适吧？"伏龙腾马上举起了手，"那天是愚人节，让员工以为我们在愚弄大伙儿，这玩笑可就开大了！"

李鄂生哈哈大笑："是啊是啊，龙腾提醒得对。那就定在 3 月下旬吧，我希望能在新财年开始前把年度计划定下来。"

乔斌伸直了身子："我们计划整个 3 月份封闭开发新产品。"

李鄂生摸了摸下巴："是，这个很重要！那就暂定在 2 月底吧，具体由 Julia 调查一下再说。Julia，你作为项目负责人，要好好组织这次年会，这可是公司的大事儿！"

散会后，朱笑笑快步追上汤树人，恭恭敬敬地递上一沓资料："汤总，请等一下。这是您借给我的方案，谢谢您啦！"

汤树人笑着接了过去："小朱，我看你的计划大有进步啊！"

朱笑笑不好意思地低了低头："那也是您帮忙的结果。您真的觉得这次的计划还可以吗？"

汤树人沉吟了一下："总体上说挺好的，但还是粗略了一些。比如，陆总提出的预算问题，你就没能很好地回答。"

朱笑笑有点儿不服气："可是我确实不知道公司去年的利润是多少呀！连李总、陆总都不知道呢！"

汤树人摇了摇头："我说的不是这个意思，而是陆总问的那个问题——你的预算是怎么来的？"

朱笑笑被问住了："在您借我的那份产品发布会方案里，不就是把场地费、礼品费什么的加起来嘛，我也是这么算的呀。"

汤树人摆摆手："不是不是。产品发布会只有半天，年会可是要开两三天呢，成本结构复杂得多，这是其一；其二，我的部门在产品发布会这块儿有预算，因为渠道是帮公司挣钱的，所以公司也愿意在这方面花些钱，可年会能挣钱吗？"

朱笑笑小声嘟囔了一声："不能。"

"所以呀，你的项目不仅需要考虑'质优'，更得关注'价廉'。加上去年公司的效益不如往年，年会恐怕不能像产品发布会一样外包，你得自己操持了。"

"什么是外包？和自己做有什么区别呢？"

"外包就是自己做甲方，把一部分工作交给乙方做，图的是花钱买个省事儿省心，但控制不好可能钱没少花，东西还不满意。如果自己动手做，可以按照自己的意愿来控制，比较省钱，但是会比较累。"

朱笑笑恍然大悟："哦，我明白了，前一阵子我们家亲戚装修房子，包工包料就是'外包'，包工不包料就是'部分外包'，对吧？"

汤树人高兴地笑了："对！但是现在社会分工越来越细，完全自己干几乎不可能了。具体到你的年会项目上，根据我的判断，'包工不包料'的可能性比较大。"

"也就是说,我得把自己做不了的东西外包出去,做得了的还是得自己动手喽?"

"对!甲方是管项目的,乙方是做项目的,两种模式是不一样的。"

"啊?管项目和做项目不一样?"朱笑笑一下子蒙了。

"甲乙双方的关注点不一样,其管理模式和重点当然会有所不同。"汤树人耐心地解释道,"作为买方,甲方关心的是'物有所值','管项目'重点体现在两方面:一方面,在项目启动之前进行严谨的论证,证明项目是可行的、必要的;另一方面,管理好乙方,即检查乙方是否充分理解了自己的需求,并且通过阶段审核,确保这些需求得到满足。至于具体的项目工作,就可以交给乙方做了。"见朱笑笑频频点头,他又接着说了下去,"至于乙方,则本着'卖货赚钱'的目的,通过自己的劳动(即承担具体的项目任务)来满足甲方需求。因而,乙方的项目管理远比甲方具体。所以,你必须先分清楚哪些工作可以由甲方做、哪些只能由乙方做,才有可能分别预估成本,最后得到总预算。"

朱笑笑咬了咬嘴唇,小心翼翼地问:"那为什么这两种工作要分别预算呢?"

汤树人宽容地笑了:"当你做甲方时,你的预算由乙方的报价和你自己的管理成本两部分组成,那个报价其实是和乙方商量来的,因为你必须让乙方赚钱,乙方才有动力给你做项目,而自己亲自动手做的工作,预算可是实打实的!"

知识链接

◎ 怎么区分甲乙双方的工作?

任何一个产品都是由若干子产品组成的,我们可以采用产品分解图的方式来区分，还可以使用不同的形状或颜色来区分。让我们来看看红烧肉项目产品分解图（见图5-1）。

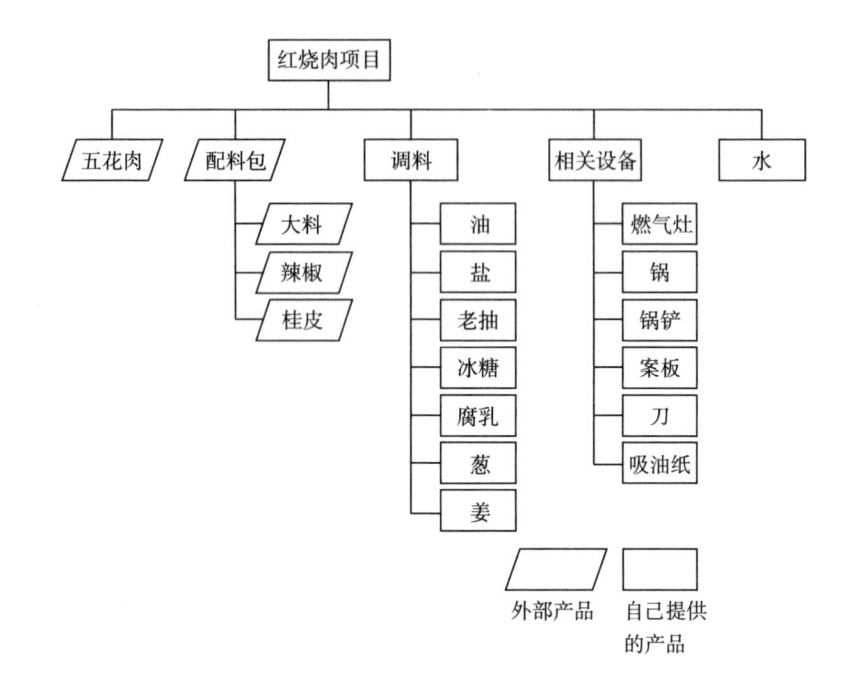

图 5-1 红烧肉项目产品分解图

饭前准备

02 产品流程图——理顺各环节

"阿汤哥"（这是朱笑笑新近给汤树人起的绰号——汤树人身材高大，负责那么大一个片区的渠道业务，想必"武功"了得，而为人又平易和善，在她的心里，他简直就跟阿汤哥一样帅了！）一席话，让朱笑笑心情又沉重起来，看样子这两个月有的忙了。去年只做个助理还累得够呛呢，今年全靠自己一个人，不知道能不能应付得来。不管怎样，"阿汤哥"比自己经验丰富多了，又提出了新思路，还是要试一下。

朱笑笑埋头把年会项目需要做的工作列了个清单，在肯定需要自己做的工作前打对钩，必须采购的任务前画圆圈，还有大概1/4的工作不知道该怎么办。正犹豫着，桌上的电话响了："Julia，你来一下。"

休了几天年假，梅胜男反而比以前更憔悴了，暗淡的脸色配上黑框眼镜、灰色衣服，没有一丁点儿新年的气氛。朱笑笑一走进梅胜男的办公室心就揪得紧紧的，因为她在这间办公室受到过无数次批评，表扬则是屈指可数。

"Julia，上午陆总问到的预算问题，你打算怎么做？"

幸亏"阿汤哥"提醒，要不这会儿又该无言以对了。"我把年会涉及的工作列了个清单，对自己承担的和需要采购的部分分别做了标记，这样就可以预算得更准确一些了。"见梅胜男点头表示认可，朱笑笑的心稍稍放了下来，于是大着胆子问，"可有些工作我没有把握，您能否帮我看一下？"

"我看看。"梅胜男翻看着朱笑笑递过来的清单，心里五味杂陈。

首先，泛上来的是一点点酸：平心而论，组织年会是行政经理的职责，自己作为HR（人力资源）出身的总监，并没有亲自操持过这件事，而朱笑笑一个行政助理、职场小白，居然分析得像模像样。

然后，是一丝丝甜：下属工作能力强，自己可以省很多心，而且也恰恰说明自己带队伍的能力强。

接着，苦味越来越浓：以前公司效益好，年会基本采用的是外包形式，而去年公司效益下滑明显，恐怕预算得压缩了。而老总又一再强调要好好办，这可是个烫手山芋！

最后，还有稍稍的辣味：接下来的这两个月可有的忙了，除了年会，还有全年的招聘、培训等工作需要计划，这些肯定得在年会上汇报。现在部门人手严重不足，安为善的招聘工作又做得不给力，怎么办？

突然，酸连着涩又打了个回头仗：年会这项工作只能成功不能失败，可要想让老总们说出"成功"两字，何其难也……

各种味道打成一团，搅得梅胜男的胃又烧了起来。

"Julia，我的看法是这样……"梅胜男一边解释，一边在清单上改改画画起来。

朱笑笑心想，神了，老总果然喜欢做选择题！看样子，以后要想明确"梅超风"的意见，提前做好准备工作是必要的。这既节约双方的时间，又能得到老总的帮助，可谓一箭双雕！

"好了，任务我帮你分析好了，下面你打算做什么？"

啊?！看来，论述题还得自己来做啊！"我……呃……我想……是不是应该可以明确各项任务的预算了？"

梅胜男摇摇头："还早，自己做的工作好办，外购的工作还出不了预算。"

"啊?！为什么？"

"因为你还没有明确，你需要他们做什么，以及你可以向他们提供什么。"

"既然把事情交给别人做了，难道还要我提供什么东西吗？"朱笑笑实在想不明白。

梅胜男白了她一眼："当然啦！没有任何一项成果是从空气中来的，没有相应的投入，产出就是零。你去饭馆吃饭时，是不是得先选座、点菜，而不是坐下就喊'我饿了，快给我上菜'啊？"

朱笑笑"哦"了一声，试探着问："您的意思是不是说，我得告诉别人我想要什么？"

梅胜男想了想说："这只是其一——你的需求信息；其二，你做好准备了吗？如果你根本不饿，人家给你上什么菜你也不会觉得美味。"

"也就是说，我得先把肚子空出来？"

"嗯。用专业些的话说，是为下一项工作做好相关准备。相应地，我们每做一项工作，也需要上一项工作的负责人给我们提供这些。因此，这些相互关联的工作其实就是环环相扣的价值链条，每一个环节的责任人都是上一环节的客户（这就是所谓的内部客户）。一个环节不过关，整个链条就断了。"梅胜男意味深长地盯着朱笑笑，看得她心里发毛。

知识链接

◎ **怎么能确保这个价值链条不断？**

我们可以通过产品流程图把分析出来的子产品按照其产生的先后顺序排列起来，以明确这个链条。我们来看下红烧肉项目产品流程图（见图5-2）。有了这张图，你就可以清晰地知道，各个子产品之间有着怎样的相互依赖关系了。

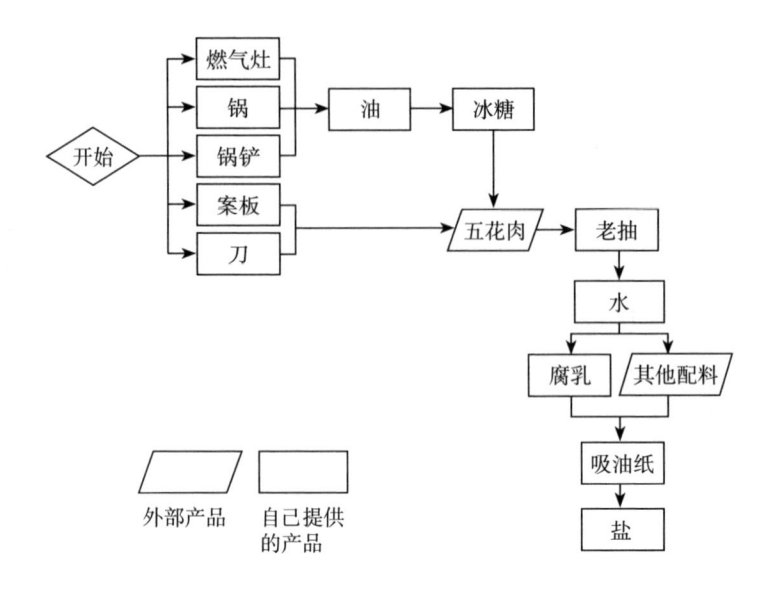

图 5-2 红烧肉项目产品流程图

第 6 章

规划质量——有计划才有质量

01 什么是质量——为何宁可排长队也要吃海底捞

为了犒劳这些天的辛苦,朱笑笑和张驰约好了晚上去吃海底捞。还没进门,就看到一个戴着海底捞绶带的小伙子一边指挥停车一边发号牌。这么冷的天,他居然一脸汗水。

进入一楼等候区,老天!屋子里三五成群,挤满了人,粗略数了一下,得有七八十位。正在两人不知所措的时候,一个服务员拿着两张凳子跑了过来:"两位,实在对不起,现在人比较多,请你们暂时坐一下,我去给你们拿豆浆。"

还没坐稳,两杯热气腾腾的豆浆就递到了手里。朱笑笑奇怪地问:"怎么颜色这么深啊?"

服务员热情地说:"这是我们海底捞用黑豆现磨的,冬天喝对身体好。如果您不喜欢这个口味,我们还有热茶、橙汁。"

朱笑笑被她的热情感染,不由得也笑了:"不用不用,这个很好了。请问我们大概得等多久啊?"

服务员看了一下他们的号牌,抱歉地说:"现在是晚餐高峰期,估计你们得等一个多小时,真是太对不起了!你们饿了吧?我们这里准备了些小吃,稍等,我给您拿过来。"转眼之间,一盘零食递到眼前,炸虾片、炒黄豆、橙子,还挺丰盛。朱笑笑高兴地接过来,开玩笑地说:"我们两个人呢,不够吃呀。"

服务员马上说:"我再给二位拿些来。"

张驰赶忙摆摆手:"别听她的,跟你开玩笑呢。"

服务员反而笑得更开心了:"让您等这么久,我们很过意不去。小吃在那边,万一我照顾不过来的话,您可以自己取,管够!"

除了小吃,等候区还可以打扑克、下象棋,一个半小时不知不觉就过去了。两人鏖战正酣,服务员跑过来说:"对不起两位,让你们久等了,现在可以上楼了。"

二楼的楼道里同样坐满了人,不过除了小吃之外,又增加了美甲、擦鞋、上网等服务,并且可以提前点菜。又等了三十多分钟,两人终于坐到了餐位上。

这回给两人服务的是一个四十多岁的大姐。她一边帮朱笑笑倒水一边自我介绍:"欢迎光临海底捞!我姓陈,你们叫我小陈就行。今天由我给两位服务,有什么不周到的地方尽管告诉我。"

朱笑笑不好意思地笑了:"您比我们年纪大,还是叫您陈姐吧!"

陈姐爽朗地笑着:"那我就不客气了!这是两个塑料袋儿,请把手机放进去,省得一会儿弄脏了。美女,您要不要把头发扎一下?我这儿有猴皮筋儿。"

"好呀,谢谢啦!请问洗手间怎么走?"

"您顺着我手指的方向看,看到那个指示牌儿了吗?您在那个地方往左拐走到头儿,倒数第二个门就是,是红色大门的那间。"

朱笑笑回到餐位上的时候,东西已经上齐了。饿了两个多小时,终于见到真货了。两人一顿风卷残云,不到半小时就吃光了。

回家的路上,朱笑笑一边打着饱嗝一边说:"馋儿啊,咱们排了两个多小时的队,半个多小时就吃完了,是不是有点儿不值啊?"

张驰一边揉着肚子一边说:"你觉得不值吗?"

朱笑笑摇摇头:"不是,我只是觉得等的时间有点儿长。你说怪不怪,现在社会风气这么浮躁,大家都没什么耐心,可是居然有那么多人心甘情愿地排两个小时的队吃顿火锅,这是为什么呢?"

张驰偏过头来问:"你觉得他们家的火锅好吃吗?"

"好吃,可是和其他家的比也没有多大差别,而且,价格并不便宜啊!"

"你要是想吃便宜的,咱们去成都小吃不就得了嘛,还费这么大劲儿排什么队呀?!"见朱笑笑举起了拳头,张驰马上低头示弱,"不说了不说了——言归正传,吃完海底捞,你的感觉怎么样?"

"挺快乐的!你不知道,他们家连洗手间都搞得特别贴心,不但干净,还有梳子、护手霜,甚至连牙刷都有!那个阿姨还细心引导每一个人——这可是在五星级酒店都不一定享受得到的待遇。"

"可是你花的是五星级酒店的钱吗?"

"那倒不是。所以啊,物超所值啦!"

"物超所值,这就是为什么会有那么多的人宁可排长队也要吃海底捞!你知道他们到海底捞吃什么来了吗?"

"啊?!去的是火锅店,除了火锅还能吃什么?"

"非也非也!其实你也吃出来了,是惊喜和快乐,而这,是一般饭馆提供不了的。"

知识链接

◎ 怎么确保干系人满意?

许多组织通过客户满意度调查来衡量客户的价值感或获得感,然而，通过这种方式得到的反馈在相当程度上既不可控也不理想，而且这种事后调查的意义也不是特别大。所以，在质量方面的量化管理需要在识别、分析和挖掘干系人各自需求的基础上，制定质量指标。

抓狂

02 质量指标——适用性

"惊喜和快乐，说起来简单，做起来可难如上青天了。要是碰到那种苛刻的客户，怎么都不满意，那可怎么办呀？"朱笑笑猛然想起去年年会上就有个分公司的员工，给他换了两次房间都不满意，当时把自己折腾个半死。

张驰想了一下说："也不排除有那样儿的'不依族'，但毕竟是少数。况且，你不能把所有客户都想象成那样儿，那不是把自己摆在客户的对立面了嘛。"

"也是,毕竟大多数人都是与人为善的,你不招惹他,他也不会把你怎么样。"朱笑笑又锁紧了眉头,"我们的年会要是能让大家都感到惊喜和快乐就好了,可不知道该怎么做呢?"

张驰搂着她的肩膀,柔声道:"本来想让你轻松一下的,怎么又发起愁来了?"

朱笑笑叹了口气:"没办法,金箍套在头上呢!现在我可知道'不在其位,不谋其政'的感受了。"

张驰笑了笑说:"项目是做出来的,不是愁出来的。你不是已经分析过与会人员的需求了嘛,把那些需求量化成质量指标就行了。"

"可是你也看见过的,那些需求都比较虚,怎么量化呢?"

"质量指标分两种:一种是关于项目可交付成果的,如大小、多少等,这个比较好制定;另一种是关于项目管理的。"

"项目管理质量指标?"

"对,也就是你这个项目管得怎样,是否实现了预期目的方面的指标。"

"有哪些项目管理方面的指标呢?"

"时间和成本比较好说,质量方面就复杂一些,主要是以干系人的体验来衡量的——也就是你说的,他们是否觉得惊喜和快乐。"

"绕了一圈儿又回来了……让我想想,你的意思是,干系人需求既包括产品质量,也包括项目质量,对吧?"

"对!关键是,你得知道怎样才能满足他们在项目质量方面的需求。咱们说得具体一点儿吧,你去海底捞之前,对他们有什么预期吗?"

"这个,我还真没仔细想过……嗯,大概就是想花点儿钱吃顿好吃的吧。"

"你看,你自己都没把自己的需求弄明白,'花点儿钱'是花多少?

'好吃'又是怎么定义的？"

"是啊，我自己都不明白的事儿，海底捞怎么能弄明白呢？"

"其实，人家海底捞根本不需要搞清楚你的预算和口味，他们只需要抓住一点就行了，就是让你觉得快乐。因为他们相信，任何人都想要快乐，为了得到快乐，其实钱花得多点儿少点儿是无所谓的，当然，不能超出普通老百姓吃火锅的合理价格区间。"

"是啊！和其他火锅店比，他们家并不便宜，可我就是觉得挺值的。"

"和你有同样感受的人很多，所以他们家才会有不分平时还是假期，都甘心排着长队等着消费的客户。"

"也就是说，能不能感到快乐远比花多少钱，甚至比火锅本身的味道是否出类拔萃要重要得多？"

"对喽！再进一步说，你觉得在什么地方最快乐？"

"当然是在家里呀，亲切、方便、无拘无束。"

"那你在海底捞有这种感觉吗？"

"有啊！不说等候区的饮料、零食、棋牌，以及就餐区的围裙、塑料袋儿、猴皮筋儿，单单厕所里放置的常用物品就让我觉得像在自己家一样。最让人开心的是，他们的服务员永远那么热情周到，他们的笑都是发自内心的，感染得我也不由自主地老想跟着乐。"

怕她的兴奋劲儿一上来就打不住，张驰赶紧抓住她喘息的机会插话进来："是呀是呀！现在，你知道怎样让人满意了吧？"

"就是不需要我说，就把我想要的东西送到眼前。"朱笑笑乐呵呵地说。

"这就是质量的本质——适用性。用通俗的话说，就是'刚刚觉得困，就有人递过来一个枕头'。"

知识链接

◎ **适用性量化**

可以从数量、时间和等级三个方面来考量。适用性就是符合每一个独特的、个性化需求的最佳性价比，如果能做到数量上不多不少、时间上不早不晚、等级上不高不低，即恰到好处，干系人也就满意了。例如，红烧肉项目质量指标便可以这样量化（见表 6-1）。

表 6-1 红烧肉项目质量指标

标准	指标
时间	在嘴馋并且饿的时候能吃到
质量	美味可口，不油腻
数量	可以随便吃

03 质量成本——天下没有免费的午餐

"海底捞为了让客户觉得满意，可真是费了不少心思。可是免费零食、围裙什么的，这些都很容易做到呀，为什么别的饭馆就没那么火呢？"

张驰对女友举一反三穷追不舍的好学劲儿很满意，不禁又把她搂紧了些："那只是形式，不是内核。你想啊，如果只是提供这些东西，你会觉得快乐吗？"

"嗯……我只会觉得周到，但不会觉得快乐。"

"那你的快乐是从哪儿来的呢？"

朱笑笑咬着嘴唇想了想，突然有种豁然开朗的感觉："我想起来了，是受到海底捞服务员的感染！好多饭馆的服务员整天拉着个脸，就好像你给他们介绍了只暴跌的股票似的，好不容易碰到个会笑的，也是皮笑肉不笑，明显是冲着我的钱包而不是我。而海底捞的服务员不一样，他们的笑是发自内心的，我听见有个小姑娘在擦桌子的时候还唱歌呢。所以，去吃饭的人也被感染得没事儿老傻乐。"

"你知道为什么他们能发自内心地笑吗？"

朱笑笑得意地扬了扬头："我问啦，陈姐说，她们的待遇比别的店好，工资高，住的是正儿八经的楼房，还有阿姨专门打扫卫生，病了公司掏钱给看，这都是别的饭馆没有的。更让她心里感激的是，每逢过年过节，公司还给她父母寄钱呢！"

"这才叫人性化管理。"

"还有还有，他们公司居然规定，只要认为必要，就可以给客户送菜、打折甚至免单。简直不可思议，要是都这样，公司不得赔死啊？！"

"那你怎么不要求她给咱们免单呢？"张驰瞪大了眼睛。

朱笑笑瞪了他一眼："人家服务得那么好，怎么还好意思让人家免单呢？！你的脸皮真厚。"

张驰点了点朱笑笑的鼻头："我跟你开玩笑呢！天底下还是厚道人多，真不讲理的没几个。"

"嗯！"朱笑笑使劲儿点头，"我也问陈姐什么情况下她会给客人打折、免单了，她说要真是海底捞做错了，她就给，而且会主动给。我问她是不是因为反正又不要自己掏钱，她说'公司就是我的家，没有公司就没有我，我当然要替公司着想'。你听听，有这样的服务员，海底捞的业绩怎么会不好？"

张驰也深受感动："是啊！这才是别的饭馆学不到的。"

朱笑笑噘了噘嘴："岂止是饭馆啊，除了海底捞，我还没听说过哪家公司给员工这么大的权力呢！"

第6章 规划质量——有计划才有质量

张驰叹了口气："哎！信任是双向的，只有公司信任员工，员工才能忠诚啊。"

朱笑笑马上跟了一句："是啊是啊，好多公司都要求员工要有主人翁责任感，可是员工有主人翁感吗？一个整天被老板盯着防着的员工，怎么可能有积极主动的心态？"

"天下没有免费的午餐，要想生意像海底捞一样火，就得像海底捞一样，愿意承担因提供高质量服务而产生的风险和成本。饭馆老板可能愿意提供免费的零食，也可以给洗手间配上热水和洗手液，但真能以家人的角度和态度对待员工的，就少之又少啦。"

朱笑笑长长叹息，不再说话。突然，她使劲儿勒了勒张驰的腰："馊儿啊，咱们下周还吃海底捞？"

知识链接

◎ 质量与成本的关系

要想满足质量要求，必须付出代价，这就是质量成本（Cost Of Quality, COQ）。它包括为确保和保证满意的质量而发生的费用，以及没有达到满意的质量所造成的损失。它告诉我们，为了达到及保持一定的质量水平，要付出多少钱。

具体来说，质量成本分为两大类。

第一大类是一致性成本，指为保证质量而付出的成本。它又分为两种：

• 预防成本，指用于预防产生不合格品与故障等所需的各种费用，如质量计划、质量教育培训、新产品评审、专职质量管理人员的工资及质量奖励费等。

• 评价成本，指评定产品是否满足规定的质量水平所需要的费用，如产品检测、质量审核、检验仪器折旧及计量工具购置费等。

第二大类是非一致性成本，也称失败成本或质量低劣成本，指质量产生问题后而发生的成本。它也分为两种：

• 内部失败成本，指产品出厂前因不满足规定的质量要求而支付的费用，如废品、返修、停工、减产损失等。

• 外部失败成本，指成品出厂后因不满足规定的质量要求而支付的费用，如索赔、修理、更换或信誉损失等。

◎ 质量成本该谁出？

项目的临时性特点意味着其持续时间不可能长到足以等到回报，所以，质量成本通常应由执行组织，而非项目自身承担。

04 质量计划——质量是计划出来的

受到海底捞的刺激，朱笑笑也想把年会搞得高高兴兴的，可怎么办呢？她拿出工作清单，仔细琢磨一番后，觉得外购的"室外拓展训练"最重要。按照梅总的要求，得写个东西明确需要他们做什么，可以向他们提供什么。

写完了，朱笑笑敲了敲隔板："老安，你能帮我看看这个吗？"

安为善对朱笑笑的随时打扰早已习以为常："什么啊？"

"我写了个对拓展训练机构的要求，麻烦你帮忙看看有没有漏掉什么东西。"

安为善迅速扫了一遍："拓展训练这种形式的细节可多了，你怎么可能说得清楚呢？"

"那我该怎么办？"

"你得亲自去试一下，俗话说，'是骡子是马，要拉出来遛遛'嘛。"

"哦。看来要保证项目质量，还得亲自试啊。"

安为善像被什么蜇了一下似的猛地挺直了腰："打住！你说的是具体的产品质量，可不是项目质量啊！产品质量可以亲身体验，项目还没完成，你怎么可能体验到项目质量呢？"

朱笑笑无声地做了个"哦"的表情，问："那怎么控制项目质量呢？"

"除了计划，没有别的办法。"

"那质量管理岗位起什么作用呢？"

"只能检查质量是否已经产生了问题，属于典型的事后处理，没办法做到事先控制。"

"那怎么事先控制呢？"

"我不是说了嘛，通过计划啊！"见朱笑笑不太明白，安为善从桌上长长的一排资料里把《COSYS 集团 ISO9000 文件汇编》抽出来，"这就是质量计划。"

啊?！不仅朱笑笑，全公司的人见了这个都无比头疼。它把几乎所有工作都划入了管辖范围，有几百张琐碎的表格要填，本来一个小时能做完的工作，按照它的要求得好几个小时才能完成。最要命的是，每年还必须接受外审，否则 ISO9000 证书就要注销了，而这个证书是投标时必备的！所以，就为了保持那张证书，公司每年都要专门腾出人手，花上半个多月的时间补写一大堆资料，烦死了！

看见朱笑笑厌烦的表情，安为善深深叹了口气："好好的一个体系，最后却落到这步田地。"

朱笑笑不服气地说："老让我们做无用功，有什么好的？"

安为善摇着头："你不了解。ISO9000 为什么能成为国际标准？那是因为它本来是源于制造行业多年实践的最佳惯例。它看起来烦琐，早期你可能会不习惯，但能严格按照它的要求来做，你就会慢慢发现它的好处了。"

"能有什么好处呢？"

"你想啊，它明确了质量的产生过程，详细到了每个环节、岗位，以及文档、信息。如果真能做到它要求的'写所需、做所写、记所做'这九个字，出现质量问题的概率是不是会大幅降低？即便出现质量问题，也能找到根源并杜绝下次再发生啊！"

朱笑笑不解地问："那为什么我感受不到这些好处呢？"

安为善抚摸着文件封面："要想知道药效，首先得吃下去。ISO9000好处多多，可是你按照它的要求做了吗？"朱笑笑不好意思地摇摇头。

安为善接着说道："任何改变都会让人不舒服，但不舒服总不是拒绝改变的理由啊！"

朱笑笑抱起厚厚的文件，新奇地翻看着："老安，既然这个已经很全面了，那我的年会项目就不需要写质量计划了吧？"

安为善轻轻笑了一下："当然不行！你忘了，项目是独特的，所以必须有自己的质量计划。"

知识链接

◎ **ISO9000 文件已经那么全面了，为什么还得编写项目质量计划？**

正是因为ISO9000文件太全面了，所以它是个放之公司所有项目而皆准的管理模式，无法适应每个项目的独特要求。比如，既涉及标准化硬件产品又包括定制软件的集成项目，就远比仅仅销售代理产品的项目复杂得多。所以，每个项目都要有自己的质量计划。

◎ **质量计划应该包括哪些内容？**

简单地说，它主要有以下几点：项目各级可交付成果的度量方法及指标，如产品的功能与性能等；项目质量的度量方法及指标，如项目初衷的实现程度、干系人的满意度、项目对组织的价值、项目管理经验技能的积累等；质量管理的职责与流程；相关的质量核查单；如何持续改进质量。

◎ **公司有质量管理部门，能不能由他们来写这个计划？**

质量是由每个岗位、每个环节累积而成的，不是某个部门的责任。因此，我们可以请他们协助，但不能把规划项目质量的工作甩给他们。因为只有项目经理才最了解项目的具体情况。

质量来自计划

第 7 章

规划采购——弄清楚想要什么

01 项目采购管理计划——让专业的人做专业的事

换了一种全新的眼光后，朱笑笑发现 ISO9000 真是太强大了，竟然把她想到的、没想到的工作都说得清清楚楚、明明白白。她一边看一边记录，年会项目的质量管理计划越来越清晰了，给力！

"嗡嗡嗡嗡……"

"喂，是朱姐吗？"

咦，这谁呀，张嘴就管我叫姐？虽然"猪姐"不那么顺耳，但谁让自己姓朱呢。"我是朱笑笑，你是——"

"我朱飞宇啊！"那个热切的声音听到这边有点儿犹豫，马上接着说，"我是培训公司的，您表姐的同学，给您发过年会资料的那个小朱，记起来了吗？"

朱笑笑一下子想起来，最初在写年会草案的时候，多亏通过表姐找到了这个朱飞宇，要不是他鼎力相助，自己还真交不了差呢！她语气不由得热情起来："哦，你啊，你好你好！"小猪？呵呵，这下我心里平衡啦。

"朱姐，上次给您发的资料，不知道对您有用没用？"

第 7 章 规划采购——弄清楚想要什么

"有用有用，谢谢你啊！"

"不用谢，不用谢！我想着已经过去两周了，打个电话问问。过节也没向您问好，现在补一下：新年快乐！"

朱笑笑心里多少有些不好意思，人家帮了自己那么大的忙，自己居然把人家忘得一干二净："你太客气啦，我还没谢谢你呢。也祝你新年快乐！"

"您太客气了！朱姐，我们公司下周六有个拓展训练公开课，不知道您有没有兴趣来试试？"听出朱笑笑有点儿犹豫，他又赶紧加了一句，"这是我们专门为老客户免费组织的，来参加的都是大公司的 HR，您来了可以认识不少同行呢，对您将来的发展也有好处不是？"

朱笑笑动心了，问："那怎么去啊？"

"我们公司车接车送，具体的集合时间和地点我一会儿给您发微信。如果您的朋友、同事有兴趣，也可以一起来！另外，我明天刚好要到您公司那边办点儿事儿，您方便的话，我去拜访您一下？有什么问题您也好当面问我。"

"那……你明天再给我打个电话吧。"

刚放下电话，朱飞宇的邮件就到了，里面还附带了好几张图片，让朱笑笑对拓展课产生了不少期待。正思绪飘飞的时候，梅胜男把她叫了过去。

听完了朱笑笑对这两天工作的汇报，梅胜男靠在椅背上，抱着胳膊说："Julia，我觉得你的工作思路需要调整一下。这么东一榔头西一棒槌的，容易忙中出错。"

朱笑笑本以为自己写质量计划的事会得到梅胜男的表扬（去年年会可没有这个），没想到梅胜男不仅没有表扬，还有批评的味道在里面，朱笑笑一下子不知道该说点儿什么。

"到今天为止，你都做了什么呢？"梅胜男举起手，一件件数起来，"起草了年会计划草案，收集并分析了需求，列出了工作清单，还草拟了质量管理计划。我承认你确实做了很多工作，但不够实在——也就是说，这些都无法付诸实施！"

是呀，从接手年会项目到今天，已经过去整整20天了，可年会连个影儿都没有呢！自己整天忙忙碌碌的，都忙到哪儿去了？

梅胜男见朱笑笑红着脸、低着头不敢说话，缓和了一下语气："我也知道，做项目嘛，前期工作很重要，而且非常复杂琐碎，但是一切都在不断变化中，你不可能等所有的事情都准备好了再实施吧？"

朱笑笑轻轻点了点头，小心翼翼地问："梅总，那我应该从哪里开始实施呢？"

"任何一个项目都不可能一个人就做得来的，你要让专业的人做专业的事！"见朱笑笑不明所以，梅胜男又补充了一句，"也就是说，你可以尽快启动采购工作。"

朱笑笑依然没听明白，梅胜男有点儿不耐烦了："前天我们不是讨论过工作清单了嘛，你把需要外购的任务摘出来，不就是项目采购清单嘛。有了这个，你的采购计划不就出来了嘛！"

"采购清单就是采购计划！"朱笑笑一副恍然大悟的神情。

梅胜男一下子被她雷倒了："哪儿有那么简单？采购清单只是《采购管理计划》的一部分！"见朱笑笑还不明白，她干脆从书架上拿出公司的ISO9000文件汇编，翻到《采购控制程序》部分，递给朱笑笑，"你自己看看吧！"

朱笑笑接过来一看，脸红到了脖子根儿，文件上写得明明白白的——

为保证有效管理整个项目的采购工作，需要制订《采购管理计划》，明确哪些需求要通过外购产品或服务来满足。内容主要包括：

- 采购流程、角色及其职责权限。
- 采购清单，针对其中的每一个采购项，都应该详细说明：采购对象的功能与性能要求；预算；采购过程中的里程碑时间点要求，如招标、签订合同、到位、初验、终验、正式移交等；拟采用的合同类型；责任人等。

- 标准化的采购文件模板。
- 风险管理事项。
- 供应商管理规则。
- 招标管理规则。
- 合同管理规则。
- ……

知识链接

◎ **有了《采购管理计划》，就可以启动采购工作了吗？**

还不行！完整的项目计划是个层级结构，而《采购管理计划》处在第二层，它只是对项目采购管理工作的一个概要描述。真正付诸实施的，是下边的第三层——《（单项）采购计划》。

◎ **《采购管理计划》和《（单项）采购计划》之间是什么关系？**

《采购管理计划》概要描述了整个项目买什么、花多少钱、谁负责、有哪些模板等问题，而每一个采购项（专业术语称为"采购包"，因为可能一次采购多种产品和服务）都需要各自经历从计划、实施直到收尾的整个过程，它也有自己的生命周期（称为"合同生命周期"）。对买方来说，它是个子项目，而对卖方来说，它就是一个独立、完整的项目。也就是说，《（单项）采购计划》规定了如何买，是这个采购子项目的项目计划。

◎ **这两种计划应该在什么时候写？**

《采购管理计划》应该较早制订，并且逐步完善，而采购子项目与整个项目的生命周期有比较复杂的关系。比如，在项目实施阶段，我们可能需要采购某些设备和人员，而咨询服务的采购则可能发生在项目的任何一个阶段。因此，《(单项)采购计划》在采购子项目的早期制订即可。如红烧肉项目采购计划我们便可以这样制订（见表7-1）。

表7-1　红烧肉项目采购计划

项目	具体内容
采购负责人	朱笑笑
采购流程	先去超市，再去菜市场；张驰出资、陪同并负责提购物袋
采购清单	超市：辣椒、桂皮、冰糖各一袋，油一瓶（500毫升），腐乳一瓶 菜市场：五花肉两斤，姜两块，其他蔬菜两种

采购计划

02　明确采购需求——大主意还得自己拿

"年会项目中有许多需要外购的工作，我应该怎样管理这些工作呢？"怕梅胜男穷追不舍，朱笑笑赶紧问了个自己更关心的问题。猛然又想起昨天和安为善的对话,她马上试着自己回答了一下:"对了,公司 ISO9000 文件中有许多关于采购方面的内容,我是不是可以借鉴借鉴?"

梅胜男终于阴转多云。受到这一丝丝赞许神色的鼓励,朱笑笑自己掰着手指数了起来:"在控制程序中,采购和合同评审两个是直接相关的,顾客服务和顾客满意度两个可以参照。不过,这几个文件已经写得很全面了,我几乎用不着修改。我说得对吗,梅总?"

想不到这个丫头居然对 ISO9000 文件这么熟悉,真是出人意料!许多部门老总都未必能做到这点,这可是自己当年花费了无数心血率队编撰的呀!工作成果无人赏识,本身就是一种轻视,甚至是侮辱,梅胜男虽然早已升任总监,可为了这件事,多少仍有些如鲠在喉的感觉,没想到今天在朱笑笑这里得到了认同!

梅胜男少有地笑着对朱笑笑补充道:"还有文件、记录和纠正与预防措施这三个控制程序,以及文件资料编号规则和顾客服务规则两个三级文件中包含的一些相关内容。四级表格我就不说了,你自己好好看看吧。"

哇!"梅超风"对那么一大厚本文件了如指掌嘛!朱笑笑不由得瞪大了眼睛。

梅胜男见状,心里越发受用,但表面上仍旧不动声色,一副波澜不惊的样子:"在这些文件里,采购过程控制已经讲得很详细完整了,但最关键的'如何明确需求'说得不是很清楚。每个采购项目都有自己的特点,所以你必须想清楚自己要什么,不要被供应商给忽悠了。"

朱笑笑想了想问:"供应商对我们要采购的产品和服务更熟悉呀,他们的话还是得听听吧?"

"可以听听,但大主意还得自己拿。"

"可是由于对所需采购的东西并不了解,我说不清楚自己想要什么呀。"

"这个问题我前天已经跟你提过了,看样子你还是没有理解。我的意思,并不是要你能够清晰地描述自己要什么样儿的产品和服务、它们的功能和性能怎样,而是要想明白,自己打算花多少钱,要解决什么问题。OK?"

"哦。"朱笑笑赶紧整理了一下自己的情绪和思路,"《采购管理计划》规定的是如何对整个年会项目中的采购工作进行管理,而我还需要针对各个采购对象,明确我们自己的采购需求。我的理解对吗?"

梅胜男眨了下眼,表示认可。

人头攒动的海底捞大门、陈姐快乐的笑容及张驰躲闪自己拳头的样子快速闪现在脑海里,朱笑笑重重地点了点头。

看见朱笑笑步履轻盈地走出梅胜男的办公室,嘴里甚至还哼着歌,安为善简直不敢相信自己的眼睛:"小朱,太阳打西边出来了?"

朱笑笑神秘地说:"你猜怎么着?梅总今天表扬我了!"安为善不相信:"你做什么特别的事了吗?"

朱笑笑歪着头想了想,耸了耸肩:"我也不知道……对了,我提到了 ISO9000 文件,看她好像挺高兴的。"

安为善往后一坐,差点儿把电脑椅撑散架:"我说呢,那就是她写的呀,不信你看看最后一页。"

朱笑笑赶紧翻开一看,可不是嘛!怪不得俗话说"千穿万穿,马屁不穿",今天自己无意中拍了一下老总的马屁,效果还挺好!看来,"希望被表扬"是大部分人的需求,老总也不能免俗啊。

知识链接

采购工作实际上可以采用很多种方式进行,项目管理学科总结了其中最复杂的一种——招标(对乙方而言就是投标),以便我们可以参照相关的部分来操作。《招标计划》是在招投标活动中使用的、用于征求潜在卖方建议书的文件，即每个采购包打算如何招标方面的计划。

◎《招标计划》应该包括哪些内容？

它是采购子项目的计划，因而理论上讲，应该包括《项目管理计划》中的所有内容（详见第2章"04 项目计划的结构——项目之法也是一整套"）。考虑到采购子项目的性质和特点，主要包含如下内容：对采购包的详细说明，详细描述拟采购的产品、服务或成果，以便供应商确定他们是否有能力提供；（客观或主观的）供应商选择标准，包括对需求的理解、生命周期成本、技术能力、风险、管理方法、技术方案、财务实力、企业规模和类型、卖方以往业绩、知识产权等；应答格式要求；所需的合同条款等。上面这些是给乙方看的部分。

而站在甲方的角度来看待采购行为，为保证招标过程的公平公正，《采购管理计划》中的一些内容可是商业机密哦。比如预算（在实践中往往叫作"标底"）、评标小组成员、评分结构、合同管理（指合同签订及其后的管理工作）等。

招标黑洞

第 8 章
规划范围——先划定一个范围标准

01　什么是范围——明确要做哪些工作

"Julia，我想了一下，年会项目必须加快进程，你需要抓紧时间。一方面，要和各个大区分别联络，核算参加人数，尽早列出清单；另一方面，要马上开始联络场地、餐饮、培训等。预算还需要进一步确定，财务部不批钱什么都做不了。食宿方面，你需要亲自去试，务必保证安全舒适。对了，还有交通……"

朱笑笑除了拼命记录，什么都顾不上了。放下电话，她像个敞开口的气球，一下子就瘪了下来。娘啊，杀了我吧！这哪是人干的活儿啊，就是千手观音来了也 hold（把握）不住啊，何况就我一个人！不对，"梅超风"特意强调，日常的行政工作还不能停，其实就是半个人嘛。哎呀，怎么弄嘛，还让不让人活了！

朱笑笑把餐盘里的饭菜扒拉来扒拉去，正在纠结，有人一巴掌拍在她肩上："有些人可还饿着肚子呢，你这可是犯罪！"朱笑笑吓了一跳，回头一看，原来是张丽娜。

张丽娜是公司公认的才女，英语专业八级，又写得一手好文章，

第8章 规划范围——先划定一个范围标准

很多宣传材料都出自她手。她身材虽然算不上高挑，但凹凸有致。她喜欢穿浅色的中性服装，配上细腻洁白的皮肤、飘逸如瀑的长发，显得低调而雅致。朱笑笑一直对她有些敬而远之，实际上，是多少有些自惭形秽吧。

张丽娜和朱笑笑也没什么深交，倒不是她清高，而是工作上确实不需要。今天她主动打招呼，多少让朱笑笑有些意外。

"啊？！我……"她不知道该说什么。

张丽娜不以为意，在朱笑笑对面坐了下来："想什么呢？一大盘饭菜都被你浪费了！是为了年会的事情闹心吧？"

"咦？你怎么知道？"朱笑笑脱口而出。

张丽娜歪着头，眨了一下左眼："我会穿越。"

顺着她偷偷举起的手指方向看去，汤树人正在和伏龙腾等几个销售有说有笑，朱笑笑突然想起来，张丽娜是渠道总监助理。她感激地低下头，小声说："谢谢你们汤总，他真是个好人！"

"汤总说了，他不大方便直接出面，毕竟你不是他的下属，所以让我来。你也不用道谢，这也是为了我们自己。记得吧，汤总还想请合作伙伴一起参加年会呢，办不好我们也丢人不是？"

下午三点，朱笑笑准时来到小会议室，发现张丽娜已经在那里等着她了。两人心照不宣，马上开始干活儿。

朱笑笑拿出已经画得花花绿绿的清单，递给张丽娜："我列了个工作清单，你帮忙看看。我觉得已经挺全了，梅总也帮我分析过哪些外购、哪些自己做，但我还是感觉没有头绪，不知道该从哪里下手。"

张丽娜一边看着清单一边问着问题，朱笑笑猛然发觉，原来这个看似挺全的清单还是遗漏了很多工作条目。她有些泄气："难道这么长的清单还不够吗？"

张丽娜笑了:"从来就没有简单的项目。你这个清单只分析清楚了哪些工作可以外购、哪些需要自己动手,可是仍然不具有可操作性。"

"为什么?"朱笑笑嘟着嘴问。

"因为你根本没有清晰地界定项目范围。"

"项目范围?"朱笑笑一下子愣住了。

"范围这个术语是项目管理学科中非常重要的概念,意思是'你的项目通过做哪些工作,可以向干系人提供哪些可交付成果'。这个概念又分为两部分,"张丽娜拿起笔,在白板上写起来,"一个是产品范围,明确'某项产品、服务或成果所具有的特征和功能',即你要产出什么可交付成果;另一个是项目范围,明确'为交付具有规定特性与功能的产品、服务或成果而必须完成的工作',即为产出这些可交付成果,你要做哪些工作。比如,饺子是产品范围,而买菜、拌馅儿、擀皮儿、烧水等就是项目范围。"

朱笑笑听得似懂非懂:"为什么要区分产品范围和项目范围呢?"

张丽娜在"产品范围"几个字上重重地画了个圈:"因为产品范围是最终的结果,这个结果的质量是由项目范围累加而成的。并且,整个项目的进度、成本、风险等都是由项目范围决定的。由于需要在组织间进行交付和验收,产品范围是项目的显性目标;而项目范围更多是在组织内部执行的,许多人就不那么重视了——大多数缺乏项目管理知识的人容易忽略这点,而这将会对项目产生致命的影响。"

"为什么?"朱笑笑想不明白她为什么这样说。

"因为项目范围没有完成,产品范围一定会出问题!你想想啊,如果忘了放盐,饺子能好吃吗?"

朱笑笑不好意思地说:"我还真干过这种事儿!那,那,该怎么管理项目范围呢?"

"记住一句话,不要镀金!"

第8章 规划范围——先划定一个范围标准

"什么叫镀金呢？"

"就是超出约定范围的，或者说，与最终形成产品范围无关的工作。曾经有人发现老旧的红木家具热卖，于是到农村去回收。他买到一张明朝的红木八仙桌，但是又脏又破，已经看不出原来的颜色，于是，他花了很大的力气把油泥刮干净，重新上油漆，拿到市场卖。结果呢？根本没人搭理！因为桌子已经看不出是什么年代、什么材质的了，根本不值钱。"

"你的意思是，只要是和可交付成果无关的工作，要一概拒绝？"

张丽娜终于松了口气："太对了！给客户交付的可交付成果应该不多不少，少了固然不行，多了就成画蛇添足了。其实，就是'做得越多错得越多'。"

"那该怎么避免这种费力不讨好的现象呢？"朱笑笑想起自己曾经无数次犯过这样的错，更是来了精神。

"除了详细规划，别无他法。而对范围的详细规划，是通过对可交付成果进行逐层分解而得到的。"

张丽娜告诉朱笑笑，任何项目都是一个复杂的动态系统，任何一点儿变化都会引起整个系统的连锁反应。要想把这个系统分析清楚，可以使用一种叫作"分解结构"的技术，其实就是"化整为零"的意思，把大的分解成中的，中的分解成小的，小的分解成更小的，直到可以操作的程度。

朱笑笑听得入迷："太好玩儿了！解决复杂问题的方法，原来这么简单！"

张丽娜笑了："是啊。问题本来就复杂，再用个复杂的方法去处理它，那岂不是越整越不明白？"她模仿汤树人的语气，神态惟妙惟肖。

朱笑笑忍不住笑起来："我想起来了，我们老师曾经说过，'真正的专家，是能把复杂问题简单化的人'。所有的科学技术，也就是为了这个吧。"

张丽娜点点头："你们老师说得太好了！简单化甚至可以说是人类文明发展的助推剂。"

知识链接

◎ **咱们不是已经对产品分解过了吗？**

是的，但那时分解出来的是产品范围，我们还需要对项目范围进一步分解，以得到WBS（Work Breakdown Structure，工作分解结构）。WBS是以可交付成果为导向的工作层级分解，其分解的对象是项目团队为实现项目目标、提交所需可交付成果而实施的工作，它组织并定义了项目的全部范围。可见，WBS就是项目范围。它是个层级结构，是通过我们对项目可交付成果进行逐级分解而得到的。其表现形式可以是列表，但更典型的形式则是树状结构。

02 工作分解结构——项目是一棵树

"方法简单，可活儿不简单，咱们快开始吧！"张丽娜举起手里的记事贴。

"拿这个干什么用呀？"朱笑笑觉得挺奇怪。

张丽娜一边撕开记事贴的外包装，一边略带得意地说："这是我上项目管理课的时候，跟老师学的一招儿。你想呀，在分解的时候难免会有失误，用这个又快又直观。"

原来，真正的项目管理专家在这儿呀！朱笑笑的眼睛亮了起来。不知是朱笑笑确实聪明，还是张丽娜实在是个好老师，在张丽娜的启发下，不到20分钟，朱笑笑就在白板上贴出了一棵"大树"（见图8-1）。

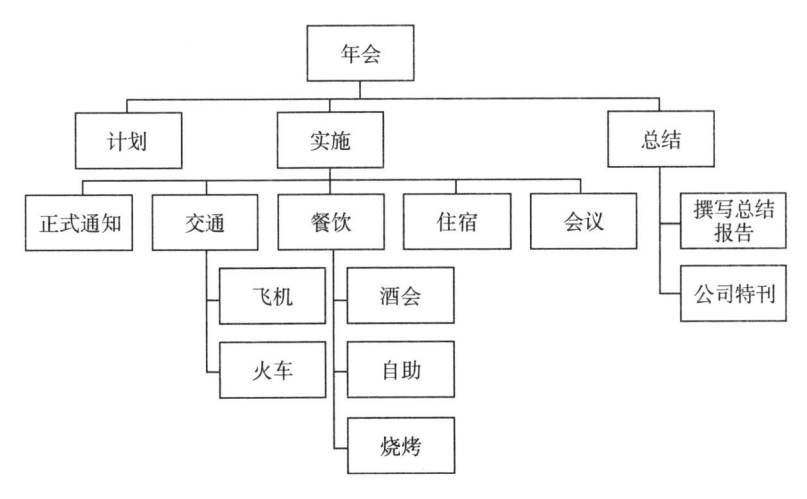

第8章 规划范围——先划定一个范围标准

图 8-1 年会项目 WBS 图

朱笑笑得意地指着白板道:"怎么样,我这个学生很聪明吧?这么快就分解出了这么多。"

张丽娜用手托着下巴:"我先不作任何评价,你自己看看有什么问题。"

没有获得期待中的表扬,朱笑笑有些许失落。她坐在离白板最远的座位上,想用距离提示自己到底哪儿做得不对,看了半天也不明所以。然而,也不能显示自己没有一点儿自省精神吧:"呃……嗯……是不是我没考虑员工的安全问题,比如万一有人生病了……"

看朱笑笑不得要领,张丽娜摆手打断了她:"对,但不是主要的。既然你没组织大型会议的经验,又没有学习过相关课程,干脆还是我来讲吧。根据现在这张图,你看看重点在哪儿?"见朱笑笑还是不明白,她只好直接说了出来:"从视觉上看,是不是'实施'这一支最茂盛?也就是说,实施方面的任务最重。"

朱笑笑很奇怪她这么说:"当然啦,年会的重点都在怎么组织呀!"

张丽娜像被蜇了一下似的伸出食指:"对,是组织!但你知道什么是组织吗?"

朱笑笑猛然想起"阿汤哥"的"语法分析术":"组织"在这里应

119

该是取的动词含义，并且既然两个字都是绞丝旁，应该都跟编织有关，但这又有什么关系呢？

看着朱笑笑百思不得其解的样子，张丽娜又换了个说法："你想想啊，年会的实施需要多长时间？"

朱笑笑说："去年是两天，今年恐怕也是两天吧。"

张丽娜把头摇成了拨浪鼓："非也非也。开会是两天，加上前面的通知、集合，后面的解散、总结呢？"

朱笑笑好像明白了："哦，那怎么也得一周吧。"

张丽娜有点儿着急："那照你的意思，一周就能把年会搞定了——因为你的计划已经写完了？"

朱笑笑有点儿傻了："那怎么可能？我还有一堆事儿要做呢！梅超……呃，梅总说，还得跟各个大区确定与会人数、找场地、试吃……"

张丽娜打断了她："那你说，与实施相比，计划是更简单呢，还是更复杂？"

朱笑笑无奈地说："更复杂。"

张丽娜终于松了口气："那我从你的图里怎么看不出来呢？"

朱笑笑这回才恍然大悟："哦，你是说，我画的大树上，'计划'这支太弱了。"

张丽娜重重地点着头："是的是的！年会这种项目的特点，在于前期长、中期短，所有的功课都要在项目前期做足，这样到了交付期才不至于丢三落四、手忙脚乱。因此，我建议你把'计划'改成'规划'，或者增加'筹备'分支，就不至于混淆了。"她一边说，一边走到白板前，指着上面的图继续说道，"而'实施'部分，你分解得又太细了。比如'交通'一支下有'飞机''火车'两项，这不是你要做的工作，而是可能选择的交通方式。切记，你要分解的是你的'工作项'，千万别把'可选项'或'采购清单'加进来！"

第 8 章 规划范围——先划定一个范围标准

朱笑笑这回真有了醍醐灌顶的感觉，赶紧把白板上的记事贴扯了下来，一番修改后，"大树"变了模样（见图 8-2）。

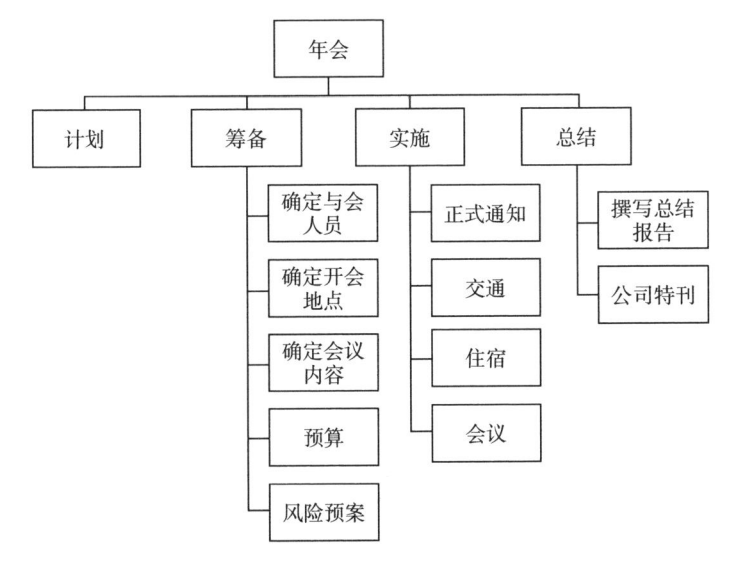

```
                            年会
         ┌──────────┬──────────┼──────────┐
        计划       筹备       实施        总结
                   │           │           │
                确定与会    正式通知    撰写总结
                人员                    报告
                   │           │           │
                确定开会     交通       公司特刊
                地点
                   │           │
                确定会议     住宿
                内容
                   │           │
                 预算        会议
                   │
                风险预案
```

图 8-2 修改后的年会 WBS 图

朱笑笑得意地说："这回可以了吧……你先别说，让我自己先挑挑毛病。"

她又跑到远离白板的地方，仔细看了看，犹豫着问道："Lisa（张丽娜的英文名），我怎么感觉这棵树长得歪七扭八的，不好看呢？"

"这不是什么问题。长得是否匀称并不重要，真正重要的是，"张丽娜一字一顿地说，"把你需要做的工作都放进去！"

朱笑笑叉着胳膊，把笔杆都要咬断了："我说不出来，就是觉得怪怪的！"

张丽娜说："我也觉得怪怪的，但到目前为止，不能说你做错了。这样吧，我们先进行下一步，你自己就会找到问题。"

张丽娜让朱笑笑把树上的"叶子"——也就是每一支的末节——分别抄在纸片上。"做项目千头万绪，不可能所有的事情都齐头并进，何况事物之间还有千丝万缕的联系，必须理出个顺序来。比如，"张丽娜把"正式通知"那张纸片揭下来，贴到另一块白板上，"这件事做完了之后，才有可能预订飞机票和火车票。"她又把"交通"拿起来，贴到"正式通知"之后，用白板笔画了一个箭头，从"正式通知"指向"交通"，笑着说，"看，这样就能看出逻辑来啦！"

咦?! 太好玩儿啦! 朱笑笑跳起来，马上开始玩儿起了贴纸画箭头的游戏。不一会儿，她就笑不出来了——有好多纸画不出箭头。看到她不明所以的样子，张丽娜笑了："怎么样，我说你自己能发现问题吧。"

朱笑笑不好意思地摇摇头："这些怎么都连不上啊？"

张丽娜指着几张贴纸说："你分解得这么粗，当然连不上啦！比如，预算必须等到与会人员和开会地点都定下来之后才能确定，可会议内容的选择又直接影响了开会地点的选择，而一旦预算被削减，会议地点恐怕就得换。关于这些，你都得有风险预案……"

"我的神哪! 我最开始就不该嫁到这个项目里来……"朱笑笑跌坐在椅子上。

张丽娜则摆出郭芙蓉的神态："要想逻辑清，千万分解细、分解细、分解细……"

"那要分解到什么时候？"

"到你能一件件办的时候……"

知识链接

◎ 项目到底分解到什么程度合适?

这是没有一定之规的，主要看项目本身的特点。如果是复杂程度不高或者是外包的工作，就可以分解得粗略一些；如果技术含量高、风险大，则分解得更细致些比较稳妥。这在实践中，称为管理颗粒度。

◎ 年会是否还有其他的分解方法？

管理无定式。就项目范围规划而言，确实有很多种分解思路，按项目阶段、产品本身的结构、职能与分工，甚至按地理位置等都可以。不管采用哪种思路，都必须符合以下三项原则：

- 上层与下层间必须是一对多的关系，且互为充要条件，即下层之和等于上层，反之亦然。
- 分解出的每个模块之间的界限必须清楚，并可以责任到人。
- 不可以有漏项。

项目树

03 任务编码——什么都需要有个"身份证"

忙碌了一天，站在回家的公交车上，朱笑笑抱着立柱昏昏欲睡。恍惚间，听到有人温柔地呼唤："笑笑！笑笑！"朱笑笑一下子惊醒了，回头在车厢里找了半天，也没看见一个认识的人。正在奇怪的时候，那个声音又出现了，她迅速看过去，发现一个三十多岁的女人，正在逗弄怀里的孩子。

下了车往家走，又听到有人在大声叫着她的名字，朱笑笑转过身，一只小狗朝自己扑了过来。小东西一身金棕色的毛，两只耳朵上各戴一个粉色的蝴蝶结，乌黑的小眼睛瞪得溜圆，小鼻头儿翘翘的，可爱极了。朱笑笑忍不住蹲下来，想摸摸它的小脑袋，谁知刚一伸手，小东西就发狂地叫起来，把她吓了一大跳。

　　这时，一位约七十岁的老人气喘吁吁地跑过来，一把抱起小狗数落起来："笑笑！说了多少遍不许随便乱跑，不许随便跟什么人都玩儿，怎么这么不听话啊？没出息的东西……"

　　连句道歉的话都没有，老人抱着小狗走了，剩下朱笑笑呆若木鸡地愣在原地。这哪儿跟哪儿啊，平白无故地被人数落一顿。可是既不能跟老人家计较，更无法拿小狗撒气，忍了吧……

　　张驰一回家，朱笑笑就忍不住把这两件事全抖了出来。

　　"你说我这个名字招谁惹谁了，一会儿是个小孩儿，一会儿又成了小狗！"

　　张驰故作神秘："这算什么呀，我还没跟你说呢！"

　　"什么呀？"朱笑笑迫不及待地推着张驰的肩膀，她越急张驰越不说，张驰越不说她越急。

　　见朱笑笑快发火了，张驰把她按坐在沙发上："咱们说好，你可不许生气啊！"

　　朱笑笑忙使劲儿点头。

　　张驰慢条斯理地说："其实，我有个小学女同学叫王笑笑，特别笨，还特娇气，考试老是排倒数第几，但不让人说，谁说跟谁哭，我们老师都没辙。大学时，我们宿舍小七他表哥也叫这个名字，不过本名是'咆哮'的'哮'，但那个人特别娘，口头禅是'人家哮哮怎么怎么样'，所以大家私下里就叫他表哥'哮哮'了。"

　　见朱笑笑脸上一副不以为意的神色，张驰接着说道："不过，最近的一个，就在咱们小区里，你也见过的……"见朱笑笑一下子来了兴趣，他故意放慢了语速，"就是那个身材匀称，皮肤又白又滑，走起路来婀娜多姿，特别有气质的……"

朱笑笑越听越觉得是在说自己，心里那个美啊，不由得摸摸自己的脸，又站起来摆了个 pose。

张驰一下子变成了机关枪："吉娃娃！"

"为什么爹妈给我起了个这么爱撞名的名字啊！"朱笑笑心里纠结起来。

张驰看出她的心思，掏出手机来："你郁闷什么呀，我这个名字重复率也很高。你看，我手机通讯录里就有一个和我同名的。媒体曾经报道过，咱们中国十几亿人口，叫张国平、李红梅这类名字的就有上千万呢。"

朱笑笑想想，也是，自己才活了二十几岁，碰到的张勇就不下十个了。不过，撞上个名人还好，偏偏撞上了猫猫狗狗，尤其那只吉娃娃，脾气特别大，不但老跟别的狗打架，对自己也总是虎视眈眈的，一见就狂叫不停，惹得别人老是盯着自己看，像是自己欺负了那个小东西似的，烦死人了！

"那是谁家的小狗呀，叫什么不好，偏偏跟我撞上了！"朱笑笑嘴噘得老高。

"喊！"张驰不以为意地说，"名字不就是个符号嘛，叫什么不一样？你得往好的地方想，万一哪天真有个朱笑笑成名了，你还沾光呢！"

"可是彼朱笑笑非此朱笑笑啊！"

"名字一样，没有照片的话，谁知道是哪个？不就有人借着金庸的名字，写什么'金庸名著'嘛！"

"啊?！"朱笑笑想，这人也太有才了，"那怎么能区分出谁是谁呢？"

"很简单，编个代码就行。比如，每个人都有身份证号，一个号就对应一个人。如果你不想跟别人撞名，干脆以后我就叫你的身份证号吧。"

朱笑笑刚要点头,一想,不对啊,那岂不是跟监狱里的犯人一样啦?

"你才是犯人呢!"朱笑笑使出了"六脉神剑"。

张驰一边躲,一边求饶:"服啦服啦!要不,我还是叫你'猪烧肉'?"

知识链接

◎ 项目中也会出现"重名"的情况吗?

项目越复杂,越可能发生重名的现象。比如,ISO9000 要求任何重要文件都需要编写、审核和批准,但是运用 WBS 对这些活动进行分解的时候不可能说得很清楚,因此不便于区分。怎么解决这个问题呢?很简单,给它们编个代码,就像每个人都有一个身份证号一样。这个代码在项目管理学科中称为账户编码(Code Of Accounts,COA),其标准定义为用于唯一地识别工作分解结构的每个组成部分的编号系统。如红烧肉项目可以这样分解(见图 8-3)。

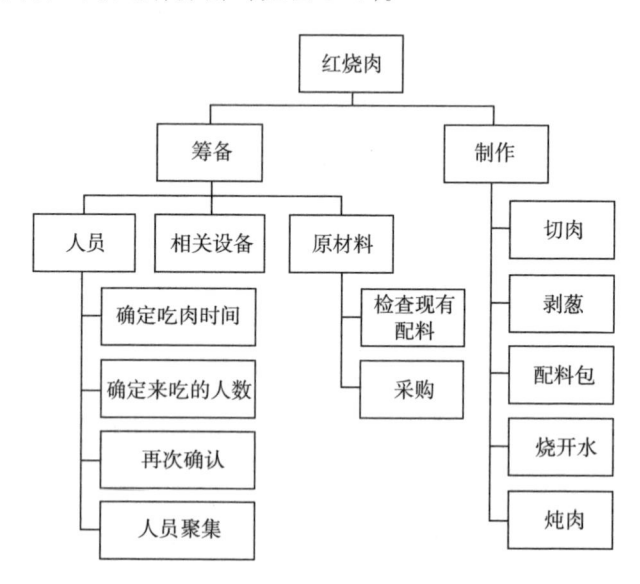

图 8-3 红烧肉项目的 WBS

04 责任分配矩阵——越直观，越好用

"您好，我是北京公司的行政助理朱笑笑。集团年会即将召开，我想请您统计一下参加人数……哦，那我应该和谁联系呢……好的，谢谢！"

"您好，我是北京公司的行政助理朱笑笑。刚才我和你们方总通过电话，他跟您说了吧……没有啊，那我直接跟您说一下吧，是关于集团年会的事儿……"

"您好……哦，对不起，那我一会儿再打给您……"

"您好……"

整整一上午，朱笑笑都埋着头给各个大区打电话，人数统计不上来，预算、地点甚至会议形式都不好定。所以，统计与会人员就是首先要完成的关键任务了。

然而，一圈电话打下来，朱笑笑却越来越泄气。有的大区连联系人都定不下来，更多的是反过来问："你连日期、内容和形式都没定，我们怎么报人数呀？"有的人甚至连李鄂生发的邮件都没看，根本不知道朱笑笑是谁。看样子，真被娜娜说中了："别想做完一件事再做另一件，做项目哪容你按部就班？"

正在抓狂中，电话响了，是朱飞宇打来的，问是否有时间，想一起吃个饭。

朱笑笑早把昨天的电话忘得一干二净，心里感到些许歉意："好啊！我正在为年会的事情头疼呢，你来吧，我好向你请教请教！"

中午吃饭的时候，朱笑笑把年会计划拿给朱飞宇看。他一边看一边惊喜地说："朱姐，您写的年会计划可比我们的专业太多了！"

明明知道朱飞宇是在拍自己的马屁，朱笑笑仍然觉得心里喜滋滋的。看来，"千穿万穿，马屁不穿"真是精辟！"哪里哪里，让你见笑

了。好了，客气话咱们也别说了，我现在需要厘清头绪，组织年会需要做的事情太多了！"

朱飞宇心知朱笑笑没有经验，但并不说破："是啊，这么大一个集团，开年会又是大事儿，您肯定是非常非常辛苦的。有什么我可以帮忙的吗？"

朱笑笑倒也不客气："计划在你手里，你看看可以做什么。"

朱飞宇等的就是这句话。要是能把COSYS这个客户抓到手里，那对自己可是大有好处。

他赶紧向前挪了挪身子："我们什么都能做。您也知道，我们在承接大型会议方面具有非常丰富的经验，从策划到实施一条龙服务……"

朱笑笑很不好意思地打断了他："我们老总说了，年会这事儿很重要，必须自己组织。"

"哦。没关系，我们也可以帮您联系交通、食宿和会议场地。您这边大概会有多少人？打算采用什么形式？"

朱笑笑叹了口气："我正为这事儿发愁呢！人数统计不上来，就定不了规模、形式；定不了规模和形式，就没法儿报预算；而没预算，订餐饮、场地都是空谈……"

朱飞宇点点头："这个自然。我们做过很多次大型会议，没有一次能事先完全确定这些的，都需要反复沟通磨合，甚至会都开了，还有人员变动呢。"

"啊？！那怎么办呢？"朱笑笑有点儿烦躁。

"您可以'掐两头儿，放中间'哪！您想，那么大一个集团的会议，让您一个人忙前忙后的，您能力再强也忙不过来不是？您看看这个。"朱飞宇边说边从他随身带的文件夹里翻出一张纸，递给朱笑笑，"这是我们公司使用的会议甘特图①，也就是时间控制表（见图 8-4）。"

朱笑笑接过来，对朱飞宇没给自己问"甘特图是什么"这个问题的机会感到很满意。图画得挺复杂，看得头疼，她不禁皱起了眉头。

朱飞宇见状，马上站起来，隔着桌子给她指点着："您看，图上的横道表示的是有哪些任务，任务名称都写在上面，横道的长短表示这个任务需要多长时间，与图上的纵坐标对应起来，很直观。而且，每项任务由谁负责也已经标注在图里了。"

这么一解释，朱笑笑一下子看出来了，原来这个图可以如此直观地把任务、责任和时间安排结合在一起，太好了！"那横道后边的箭头是什么意思呢？"

朱飞宇两只手都伸到了图上，用手指比画着："这表示任务之间的逻辑。您看，这个任务完成了之后才可以开始这项，而这项任务要想开始，必须以这几项的完成为必要条件……"

朱笑笑不禁拍了一下桌子："好啊！有了这个图，大家就都知道由谁、应该在什么时间完成什么工作了。"

朱飞宇坐下来，跷起了二郎腿："是啊，您只要在约定的时间，索要或者交付约定的东西就行了，至于各个任务是怎么完成的，由责任人各负其责就好了。"

朱笑笑晃着头："每个负责人回去再画自己的图，和与自己工作有关的人确定……"

朱飞宇竖起大拇指："不愧是我姐，真是太聪明了！"

---

① 甘特图：又称为横道图、条状图，通过条状图来显示项目进度和其他时间相关的系统进展的内在关系随着时间进展的情况。

图 8-4 会议甘特图

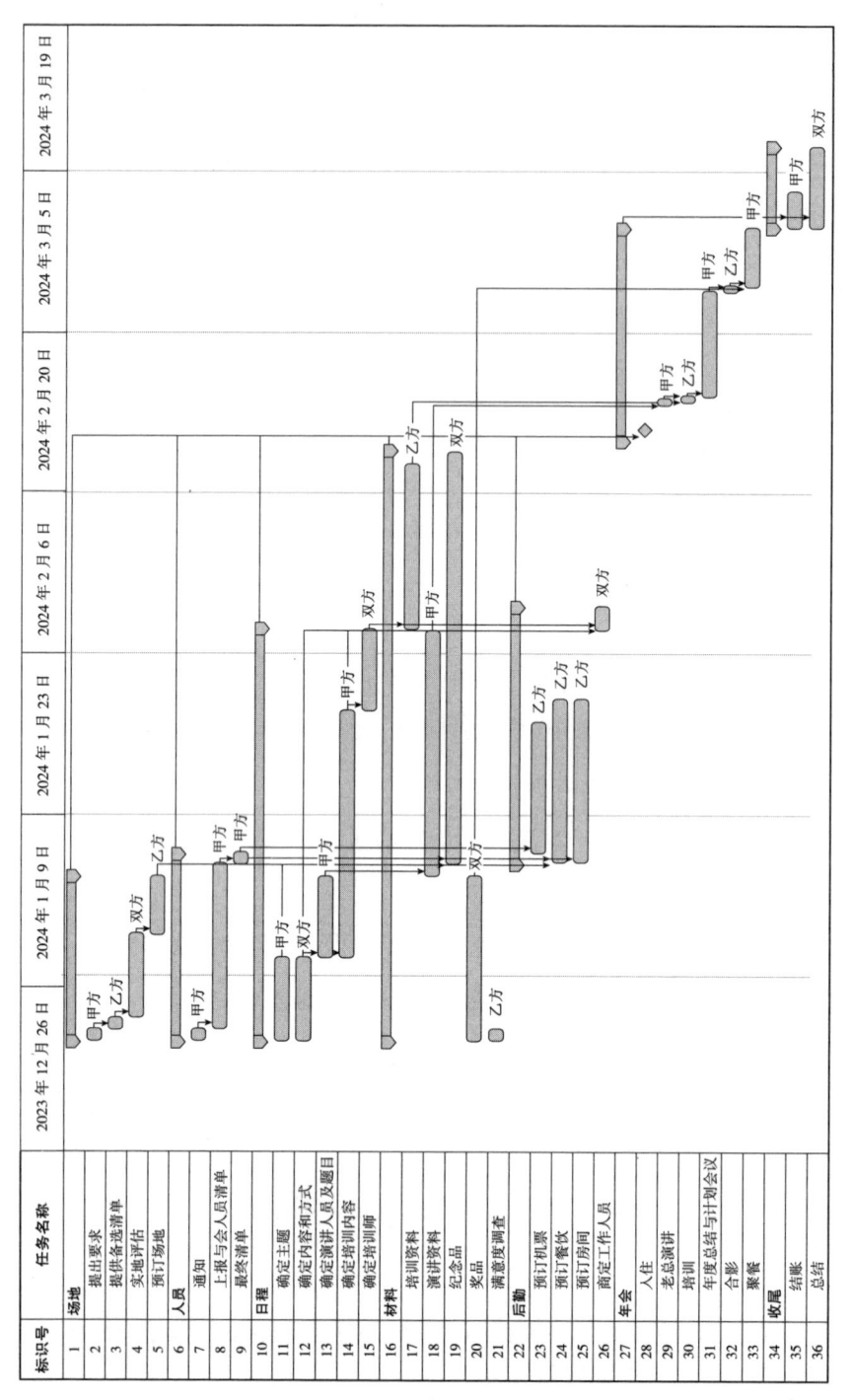

知识链接

◎ **甘特图这么复杂，看着头晕，怎么才能用更直观的方式把人和任务联结起来？**

可以使用责任分配矩阵来做，也就是用 WBS 和 OBS（Organizational Breakdown Structure，组织分解结构）这两个维度，把人和事一一对应起来，确保人人有事可做，事事有人负责。

◎ **每个人都该做什么？**

我们可以在每个方框里面标明：每个任务的负责人、协助人、审核人，应由谁提供输入，成果输出给谁等就都清楚了。反过来，每个人也都能清晰地了解自己在整个项目中要负责和完成的任务。如红烧肉项目的责任分配矩阵（见表8-1）。

表8-1 红烧肉项目的责任分配矩阵

WBS＼OBS	朱笑笑	张驰	家人或朋友	超市、商贩
1. 筹备				
1.1 人员				
1.1.1 确定吃肉时间	协助	负责		
1.1.2 确定来吃的人数	审核	负责	协助	
1.1.3 再次确认	审核	负责		
1.1.4 人员聚集	协助	负责	协助	
1.2 相关设备	负责	协助	协助	
1.3 原材料				
1.3.1 检查现有配料	负责	协助		
1.3.2 采购	负责	协助		协助

131

（续表）

WBS＼OBS	朱笑笑	张驰	家人或朋友	超市、商贩
2. 制作				
2.1 切肉		负责		
2.2 剥葱		负责		
2.3 配料包		负责		
2.4 烧开水		负责		
2.5 炖肉	负责			

第 9 章

规划进度——项目进度由什么决定

01 项目进度——领导的支持是最重要的资源

"区区一个年会,从去年讨论到今年……"伏龙腾一副不屑的表情。

朱笑笑恨不得找个地缝儿钻进去。怎么每次经理办公会都挨批啊,难道项目经理就是众矢之的?

李鄂生挥了挥手:"龙腾,年会还是很重要的嘛。"

"我不是说年会不重要。你看,从立项到今天,有 20 天了吧?怎么还是个草案,连个具体点儿的计划都没弄出来!"伏龙腾不依不饶,一边说一边拿眼睛瞟着梅胜男。

梅胜男迎着伏龙腾的目光:"我承认,年会项目的进展确实有些迟缓,但为了确保成功,前期缜密筹划是必要的,正所谓'磨刀不误砍柴工'嘛。"她举起朱笑笑提交的计划,环视整个会议室,"相信大家都看过这个计划了,还有许多细节需要一一核实。在此之前,还请各位提供一些关键信息。另外,李总,Julia 还需要您的协助。"

咦?一直以为梅胜男很不待见自己,想不到今天居然肯为自己出头!朱笑笑一下子没回过神来,直到感觉梅胜男在桌子下踢了自己一下,才反应过来。

梅胜男直勾勾地瞪着朱笑笑："Julia，你有什么需要李总及各位老总帮助的，抓紧时间说清楚。"

"各位老总，年会项目的筹备工作已经初具轮廓，后面就要往细致方向做了。但现在有个关键任务还没有完成，就是与会人员的统计。如果不能得到这个数字，那预算、地点、采购等工作都做不下去。所以——"她看了一下梅胜男，在她目光的鼓励下，鼓足勇气面向李鄂生，"我想请李总帮我催问一下这件事。"

李鄂生觉得很奇怪："我不是给各位老总都转发邮件了吗？"

"可能是时间过去有点儿久了，他们给忘了吧？"朱笑笑想，我也不能直截了当地说他们根本不拿我当回事儿啊！

李鄂生歪着头说："那这样吧，你给梅总写个汇报，抄送给我和所有老总，我再回复一下。"他又伸出食指和中指，在桌子上重重敲了敲，"新年新气象，年会的事，你可得抓紧了！"

朱笑笑红着脸，拼命点头。

"梅总，谢谢您！"朱笑笑跟着梅胜男回到她的办公室，第一次诚心诚意地感谢这个顶头上司。

梅胜男绷着脸："谢我有什么用？我不会每次都为你解围的。"

"是，我下回注意！"朱笑笑羞红了脸，但心里多少还是有些不服——我已经很努力了，还要怎样？

梅胜男似乎看穿了她的心思："你都不知道问题出在哪里，注意什么？其实伏总说得对。"

朱笑笑脸更红了，小声嘟囔着："可是我一点儿也没闲着呀！工作清单不是做出来了嘛。"

梅胜男摇了摇头："看样子，你的需求是白分析了。你想想，各位老总在开会的时候有什么需求？"

第9章 规划进度——项目进度由什么决定

朱笑笑一边想一边小声说："呃……年会项目……嗯……筹划到……啊……什么程度了……"

梅胜男狠狠瞪了她一眼："需求是个性化的！你说的是我想知道的信息，别的部门老总又不承接年会，能和我一样吗？"

朱笑笑突然想起上周经理办公会上，陆克静瞪着她看的样子："啊，对了！李总和陆总关心年会到底得花多少钱，乔总和其他老总想知道什么时间开，汤总曾经提到过想请合作伙伴参加……"

"你呀，就是不开窍！"见朱笑笑不好意思地低头傻笑，梅胜男接着说，"你想想吧，你汇报了半天，响应哪条需求了？"

咦？是哦！那些信息向梅总汇报就行了，其他老总根本不关心嘛。"可是，人数报不上来，我的后续工作都不好做呀。"

"你动动脑子吧！坐着等他们报人数，你的工作得多被动？他们要是一时半会儿统计不上来呢？要是一下子报出七八百人来呢？"

"那我该怎么办呢？"朱笑笑有点儿抓狂。

梅胜男叹了口气："那还不好办？你规定一下人数的上下限不就行了。"

哦，对啊，我怎么没想到这招儿呢！朱笑笑咧嘴笑了："那我赶紧写邮件去啦！"

刚走到门口，她又想起件事儿："既然这样，还要李总回复吗？"

梅胜男拍了拍朱笑笑的肩膀："对牛弹琴！李总这么重视年会，能不抄送给他吗？他能出面帮你说话，你省多少事儿！记得，做项目要善用资源。"

"李总也是资源吗？"

"高管的支持，是项目最重要的资源。而时间，是最最稀缺的资源。下周你务必拿出个时间计划来！"

135

知识链接

◎ **该怎么规划项目时间？**

简单地说，项目进度计划至少要包括每项活动的计划开始和完成时间。其表现形式主要有以下四种：

第一种，列表形式，也就是活动清单。这种形式不直观，往往用于那些特别简单的项目。

第二种，里程碑图。它仅标示项目里程碑（主要指可交付成果和关键外部接口发生的时间节点），往往在向高层和外部干系人汇报工作时用。

第三种，甘特图。在里程碑图中，只能看到一些时间点，看不到整个项目的具体任务。因此，它往往是在向高层和外部干系人汇报工作时用的，而在项目组内部，还得使用能展现更多细节的图形，那就是甘特图。

第四种，网络图。甘特图在展现活动各自的历时方面是非常直观的，可要想看清楚活动之间的逻辑，就不那么容易了。所以，我们还需要网络图。

02 网络图——做事要有清晰的逻辑

朱笑笑轻轻松松地过了一个周末。圣诞和元旦都没能好好过，给自己放个假，反正后续的工作都得周一再说。而其他事，就交给朱飞宇啦！

周一，经过一上午的电话沟通，朱笑笑终于把各大区的联系人基本确定下来了。窗外数九寒冬，她却热出了一身汗。幸亏李鄂生回复了邮件，五个大区都指定了联系人，她只要找那几个人就可以了。要是李总不吱声，就凭她草芥一般的行政助理，别说大区老总，连他们的行政总监都不会搭理她。

"这是你的传真，我给你带过来了。"

朱笑笑正埋头整理通讯录，被一沓突然递到眼前的资料吓了一跳。她抬头一看，安为善那油光光的圆脑袋挂在夸张的花领带上，很卡通耶！她强忍着笑，连忙一边道谢一边接了过来。低头一看，有两张是前几天见过的那个什么特图，另外两张不认识。

安为善轻轻敲了敲隔板："小朱，你的效率很高嘛，这么快就开始询价了？"

朱笑笑说："我随便找的一个培训公司……他们说可以先给做一个年会的时间图表……"

安为善做出了非常夸张的吃惊表情，像是天上掉下块比萨："你随便找一家就这么专业？我可是第一次遇见有培训公司可以做网络图的，能画出甘特图来的就不错了！好多公司都是列个单子了事，看得我头疼。"

啊，对啦！那天那个叫甘特图。原来，今天的这个叫网络图。朱笑笑不愿意承认自己根本不懂，只能胡乱点了点头。

安为善笑得很可爱："我只在教材上见过网络图，但实际上并不太了解它的原理。方便时，你能给我讲讲吗？"

朱笑笑不敢抬头看他："哦，好，可是我这两天有点儿忙……"

安为善胖手一挥："你先忙，有时间再讲。可不要忘了啊！"

朱笑笑赶紧笑着摆摆手："不会忘的，不会忘的！"

吃饭不积极，必定有问题！都这个时候了，怎么还不来呢？两天不见，朱笑笑对张丽娜的思念如滔滔江水，绵绵不绝。谁让人家是专家，自己是个菜虫（连鸟的辈分都够不上）呢！

一看到那乌黑靓丽的头发，她马上飞奔过去："你怎么才来呀？不吃饭想成仙啊！"

张丽娜被朱笑笑的热情吓了一跳："我急着写一个文件，忘了时间……"

"赶紧的赶紧的，饭菜都凉啦！"

张丽娜被朱笑笑生拉硬拽到一个角落里，一看，娘啊，盘子里禽蛋肉菜全齐了："怎么，中彩票啦？"

"哪里哪里，不成敬意！要不是中午时间太紧，就请你去必胜客了。"朱笑笑把酸奶往张丽娜面前一推。

"你饶了我吧，全是垃圾食品！"张丽娜夹起一个鸡腿，"有什么问题要请教我啊……先别说，我吃饭的时候不谈工作！"

饭后，两人来到会议室。张丽娜慢悠悠地把四张纸两两对照着摆在桌子上："这个网络图和这个甘特图其实是一回事儿。甘特图用条形代表任务，所以又叫条形图；而网络图是用方框代表任务的。你看，在这张甘特图里，这项任务之后是这两项任务，而在这张网络图里也是；这边这两项任务同时结束，这边也是。"

顺着她的手指，朱笑笑仔细地一一对照着，发现真是这么回事。

"哦……"她失落地跌坐在椅子上，"我还以为多神秘呢，原来是一回事儿啊，那又何必多此一举呢？"

张丽娜微微摇了下头："也不能这么说。我说的是，两种图形表达的意思虽然是一样的，但并不能彼此代替。甘特图的特点是可以一眼看出每项任务需要花多长时间，而网络图则可以直观地看到任务之间的逻辑。"

"哦？逻辑？"朱笑笑猛然觉得这个词怎么那么耳熟呢，"前天你不就给我讲的逻辑嘛。"

张丽娜边笑边指着朱笑笑："嗯，记性还不赖。你找到任务之间的逻辑，用箭头一搭，不就是网络图嘛。"

第9章 规划进度——项目进度由什么决定

朱笑笑不好意思地摸了摸鼻子："我光记得要分解任务，忘了还要找逻辑了。"

张丽娜摆了摆手："也怪我没给你说清楚。我觉得年会项目相对简单，甘特图就够用了，复杂的项目才可能用到网络图，而且主要还是在团队内部用。你想啊，要是把整个项目都画出个网络图来，就算老总们把脖子扭断了，也不一定看得到全部图形。"

朱笑笑咯咯地笑："他们也不一定看得懂呀。"

张丽娜只是点头乐，并不搭腔。

"既然说到这儿了，你还是给我讲讲呗。"朱笑笑央求道。

张丽娜指着桌上的网络图说："你看看，这张网络图有什么特点呢？"

朱笑笑看得脖子都酸了，也没看出个什么所以然来："不就是张网嘛……"

张丽娜不想打击她："你说得对，网络图就是一张网。网是用来捕捉东西的，所以不能破。也就是说，这张网只能有一个头一个尾。"

朱笑笑又仔细看了看那张图："为什么只能一头一尾呢？"张丽娜走到白板前画了起来："你看，如果网络出现了两个尾巴，那应该以哪个作为项目的正式结束标志呢？反过来，如果有两个开头，又以哪个作为项目的正式开始标志呢？"

朱笑笑不解地问："但是实际工作中确实有项目一开始就要同时开展好几项工作的情况啊。"

张丽娜用白板笔重重地点了一个点："对呀，你说的是'项目一开始就要同时开展好几项工作'，所以我们会在这些工作之前增加一个任务，叫启动。这项任务也许不需要花太多时间，可能是老总发的一封邮件，甚至只是会议上达成共识这样一种非正式的方式。只有这个任务完成了，才能开始那些并行的任务。项目结束也是如此。Understand（明白吗）？"

朱笑笑又歪头想了一下："那如果在网络的中间出现了破洞呢？"

张丽娜又画了几个方框："那说明你在分解的时候出了问题。你已经知道了，分解的时候如果粗细程度相差太大，是找不着逻辑的；如果漏掉了某些任务，网络中就会出现某些任务找不到来源的现象；相反，你如果具有劳模精神，给自己增加了额外任务的话，就会发现这个任务找不到和其他任务的关系。所以，画网络图本身实际上就是对范围分解的一个验证。如果你的范围分解得粗细不当，多了或少了，都无法搭建成符合要求的网络图。这也是项目规划过程'自我检查，自我完善'机制的一个典型体现。"

朱笑笑听得入神："这也太好玩儿啦！"

"还要注意，网络图中的所有箭头都必须从左向右画……"

"这是为什么呢？"

"首先，先左后右是多数人的习惯，看起来也比较清楚；其次，计算的时候比较方便，不容易漏算；最后，也是最重要的，如果出现了从右向左的反向箭头，就意味着实际上有些活动需要返工，项目将存在失控的风险——在软件行业，这种回路叫作死循环。"

"那网络图上的箭头可以交叉吗？"

"可以，但要画个'桥'，否则会看不明白。"张丽娜一边说，一边在网络图上画了个标记（见图9-1）。

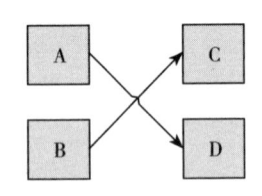

图9-1 网络图中的"过桥"

朱笑笑仔细看着眼前这张网，试探着问："也就是说，网络图就是一张单向的、不能有破洞的网？"

第 9 章 规划进度——项目进度由什么决定

"对啦!网络图只有唯一的开始和结束结点,除此之外,其他所有的结点(其实是活动)都既有箭头指向它,也有箭头从它这里出去。指向它的箭头前端所联结的活动称为前导活动或紧前活动,而其发出的箭头所指向的活动称为后续活动或紧后活动。由于项目活动之间存在错综复杂的关系,前导活动与后续活动可能会是多对多的关系。"

朱笑笑越听越来劲,忍不住打断了张丽娜:"你赶紧告诉我怎么画网络图吧!"

张丽娜不慌不忙地说:"网络图其实有很多种,其中最容易理解和绘制的叫前导图。由于这种方法是用方框(或结点)表示活动,用箭头表示活动之间的关系,所以又叫作节点法。"

"活动之间的关系?"

"活动之间不同的逻辑关系将影响它们的排序,并最终影响项目工期。"见朱笑笑这次没有插话,张丽娜接着说,"活动之间有两大类关系。第一大类是先后关系,有四种。假设有 A 和 B 两个活动,分别需要三天和两天时间,那么……"她边说边画起来(见表 9-1)。

表 9-1 活动的四种先后关系

名称与缩写	图形	含义	总工期(天)
完成到开始 (Finish-to-Start, FS)	A→B	A 结束时 B 开始	5
开始到开始 (Start-to-Start, SS)	A B	A 和 B 同时开始	3
完成到完成 (Finish-to-Finish, FF)	A B	A 和 B 同时结束	3
开始到完成 (Start-to-Finish, SF)	A B	A 开始时 B 结束	5

"这个 SF 真不好理解！"朱笑笑皱着眉头说。

张丽娜笑了："是不好理解，所以只作为一种理论存在，实际上很少有人用。我们完全可以把 A 和 B 这两个活动反过来，变成 B 和 A 的 FS 关系。"

朱笑笑点点头，迫不及待地问："那第二大类关系是什么呢？"

"是逻辑关系，有三种。第一种是强制性依赖关系，又称硬逻辑关系，指事物发生、发展所固有的、不以人的意志为转移的客观规律，或者法律法规强制要求的逻辑关系。前者必须先计划后实施（FS）、一边浇筑水泥一边搅拌（SS 及 FF），后者必须先审批再实施。不遵循这个逻辑，项目就会先天不足，中后期很可能需要大量返工，甚至根本无法完成。第二种是选择性依赖关系，又称软逻辑关系。活动的时间安排并没有必须遵循的先后关系，而是基于最佳实践、习惯、资源状态等确定。正是由于活动之间的关系可以灵活调整，这往往是网络优化的对象。第三种是外部依赖关系，指项目活动与非项目活动之间的依赖关系。这往往是一种制约因素，比如，某些项目活动需要某种关键人员或设备，但是该资源在预计时间段内不可得。由于外部依赖关系往往不在项目团队的控制范围内，因而需要提前加以识别，以控制进度风险。"

朱笑笑有点儿糊涂了："这个外部依赖关系和那个硬逻辑关系有什么区别呀？"

张丽娜笑了："这两种逻辑关系确实容易混淆。前者强调的是项目之外的活动与项目之内的活动之间的逻辑关系，比如，你想用公司会议室开项目会，可会议室被其他项目组占用了，你是不是就得等等？后者强调的是事物自身规律，比如，必须先播种后收获。"

"哦……好复杂呀！"朱笑笑挠了挠头。

"这就复杂啦？要想画出网络图，还要考虑另外两种关系呢！"张丽娜瞟了朱笑笑一眼，继续说道，"上面讲的四种先后关系，是假设两个活动的开始或结束时间的结点是重合在一起的。然而在实际工作中,它们可能会错开,即在紧前活动开始或结束之前、后若干时间单位,紧后活动开始,这就叫提前或滞后。这种复杂的关系在网络图中是无法直接表现的。这时,我们只要在两个活动之间的箭头上把这种关系直接标示出来就行了(见表9-2)。"

表 9-2 提前或滞后关系的标示

表示方法	含义	甘特图	网络图
FS+1	A 活动结束一天后,B 活动开始		A — FS+1 → B
SS-2	A 活动开始两天前,B 活动开始		A — SS-2 → B

"明白了吗?"张丽娜见朱笑笑半天没反应,忍不住问。

"呃……还得再琢磨琢磨……"

张丽娜的神情就像她面前站着的是个孩子:"你慢慢琢磨吧,我的文件还没有写完……"

"你先去忙吧,我还得再消化消化。"朱笑笑揉着肚子说。她突然想到了什么,对着张丽娜的背影喊了一句:"谢谢哈!下回请你吃'真功夫'!"张丽娜回头,做了个呕吐的动作。

朱笑笑扶着门框哀叹:"健康的也不吃,到底要什么嘛!"

知识链接

明确了活动之间的关系之后,我们就可以画出网络图了。下面是红烧肉项目的网络图(见图9-2)。

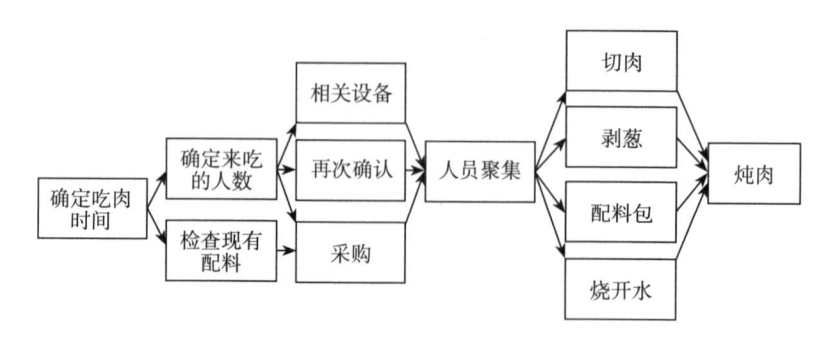

图 9-2 红烧肉项目的网络图

工作流

03 资源日历——信任是双向的，要懂得授权

"都一整天了，怎么连一个回复都没收到啊！各个大区的人数不定，我怎么做其他事儿啊！"看着收拾东西准备下班回家的安为善，朱笑笑忍不住抱怨道。

安为善回过头来："你什么时候给他们发的邮件啊？"

朱笑笑撇了撇嘴："上周五就发了，昨天还确定了联络人，我特意挨个儿给他们打了电话呢！"

第9章 规划进度——项目进度由什么决定

安为善低下头接着忙他的："都好几个周了，咱们这边的人员清单还没出来呢。你给了人家多少时间来统计人数啊？"

"往短了说，也有一天了啊！"

"你说的一天，是指一个工作日，可不是我们通常所说的 24 小时。按公司规定，每天的工作时间是 8 小时……"

朱笑笑忍不住插话："统计人数，哪用得了 8 小时？不就一句话的事儿嘛！"

安为善斜了朱笑笑一眼："说得简单！你问李总一句话，他能马上回答你吗？不还得逐层传达下去，再一级级汇报上来？拿你自己来说，你每天的 8 小时里，是不是还得处理原先就已经安排好的工作，那到底能有几小时用在筹备年会上？"

朱笑笑仔细想了想，我的神哪，用这种算法，我真正能用在年会上的时间，满打满算还不到 4 个小时！看到朱笑笑吃惊的表情，安为善语重心长地说："很多管理者嫌下属不能按时完成任务，把这归咎于下属的工作能力甚至是态度问题。其实，多数情况下，是计划本身制订得不合理！"

朱笑笑小心翼翼地问："依你看，我的计划哪些地方不合理？"

"这个，一时半会儿也说不清楚。"安为善看了看表，"我只能告诉你，不能凭自己的感觉定时间，因为每个人、每种资源的日历都是不一样的。"

"这是什么意思呢？"

"比方说，李总今天一早就去上海出差，周四中午回来，这三天半时间就被占用了，他不可能在上海之外的其他地方现场办公。而我周四、周五要参加招聘会，那么那两天肯定不在公司。如果我们两个想在公司碰面，最早也要到下周一了，而下周一公司会议室已经预订一空……"

朱笑笑轻轻点了点头："依你的意思，安排任何工作都得见缝插针？"

145

"不但如此，还得反复磨合。"安为善对自己的循循善诱很满意，不知不觉又坐了下来，"你连人家的工作情况都不了解，一拍脑门儿就给了人家一天时间，还敢抱怨没完成？"

"我需要了解他们的工作情况吗？"

"当然啦！做项目经理的，不了解相关人员的工作安排、资源配备、现实困难，怎么给出具有可操作性的计划呢？"

"那要是人员特别多的大型项目，项目经理也了解不过来呀！"

"第一，项目管理不是项目经理一个人的事，也需要一个管理团队来做；第二，要分级授权；第三，项目计划最好由员工自己做，项目经理只要把好关就行了。"

"啊？计划可以放手让员工自己做吗？要是他们弄虚作假怎么办？"

"项目经理能比员工自己更了解情况吗？不可能！在不了解情况的基础上做出来的计划，怎么可能具有可操作性呢？怕员工弄虚作假而全部自己操刀，其实是种因噎废食的思维方式。更进一步讲，信任是双向的，如果你不信任员工，员工能信任你并踏踏实实地为项目工作吗？"

"话虽如此，可是难免有个别员工虚报吧？"

"确实！再说，为了保证自己的安全，有这种心理也很正常。要想避免虚报也好办，只要有相关数据库就好了。比方说采购某项服务，公司以前的采购价格都能查得到，根据物价变化、汇率波动等，是可以计算出一个合理的价格区间的。"

"要是没有这些数据呢？"

"那就说明这是个崭新的项目。这种项目的风险比较大，自然也应该付出更高的代价。"

"你的意思是，在统计年会人数这件事上，我应该征求各个大区的意见？"

"这项任务另当别论。它虽然可能耗时比较长,但复杂程度低,所以你只需要规定一个最迟提交的时间就可以了。"

"你觉得我规定多少天合适呢?"

"那得你自己定。你什么时候需要这个信息呢?"

"上周……"朱笑笑无奈地低下头。

谁也不信

04 关键路径——抓住项目红线

"馊儿啊,大区的人数统计不上来,我的预算和进度都不好安排,可是再不做,经理办公会上又得挨说。你说我怎么办哪!"朱笑笑面对一堆文件,把头发挠得像被雷击了似的。

"别急,让我看看现在到什么程度了。"张驰快速翻看了一下,拿出朱飞宇的传真抖搂着,"这不是进度嘛!"

朱笑笑看都不看:"那是培训公司做的。第一,不全;第二,不细。"

张驰把网络图举到她面前："但你可以在这个基础上，把缺的加上、粗的细化呀！"见她没反应，他又挑出几张纸指给她看，"糊儿啊，看样子你真是累糊涂了。你不是有工作清单，还分解了范围嘛，对照着加呗。"

"可是加上之后，时间就不对了呀？"

"那有什么呀，重新算呗。"

"怎么算呢？"

"你只要把任务之间的逻辑厘清楚——我来帮你。"

"逻辑"一词让朱笑笑马上想起了张丽娜讲的网络图，她一下子来了情绪，转身就跑了，又一溜烟儿地回来了，手上拿着一沓废纸。

张驰莫名其妙："你干什么？"

朱笑笑一边把纸裁开，一边得意地晃着脑袋："不知道了吧。这可是我跟公司的美女学的小窍门儿。快！帮我抄任务名称，一张抄一条。"她把裁好的小纸条推给张驰。

"啊，这样就方便排任务啦！"张驰夸张地做了个恍然大悟的表情，一把抱住朱笑笑，"俺们家糊儿就是聪明！"

"别瞎拍马屁。咱不吃这套！"

小纸条铺了满满一地，两个人踮着脚检查再三，确认没问题了。然后，张驰打开了电脑。

"你开电脑干什么？"

"帮你算进度啊。"

"啊？怎么算哪？"

"有专门的软件——微软的 Project。"

"那你怎么不早说？"朱笑笑瞪大了眼睛。

张驰赶紧做躲闪状："电脑屏幕多小啊，哪儿有这个直观！但是要讲到计算，还是软件快。"

第9章 规划进度——项目进度由什么决定

随着他修长的手指上下翻飞，朱笑笑一张张地捡起了地上的纸条。地面一清理干净，她马上凑到屏幕前："咦，这个甘特图怎么这么怪啊，所有任务的时间都一样长，而且完成时间也不对。"

"别急嘛。我刚输入任务和逻辑，你得给各个任务估算个时间。"

"怎么估算呢？"

"主要有三种方式。第一种，如果某个活动你曾经做过很多次，并且每次所花费的时间都差不多，你就可以直接使用那个数，这叫类比估算。"

"哦，你说的不就是拍脑袋嘛。"朱笑笑很是不满意。

"确实有些相像，但类比估算是种科学的方法，要有丰富的经验和数据支撑才能做到。"张驰赶紧解释道，"这种方法的优点是速度快、成本低，但不会太精确……"

"不精确哪能使啊？"朱笑笑忍不住带了些讽刺的语气。

张驰摆了摆手："所以，类比估算往往用于需要马上做决策时，或者项目的早期阶段。不过，如果能同时符合以下两大条件，这种方法就会比较精确。条件一，将要执行的活动和曾经做过的活动在本质而非表面上类似；条件二，做估算的人确实具备相关经验技能。"

"要是不具备这两个条件呢？"

"如果你拥有的众多历史数据不一致，就需要采用数学的方式进行计算了，这就是第二种估算方法——参数估算。在估算参数时，最常用的工具就是散点图。要把数据点标注在同一张图上，从视觉上就可以观察出是否呈现某种趋势，并进一步用数学方法拟合出方程来……"

看见朱笑笑一脸茫然，张驰顿了顿说："参数估算需要借用很多数学方法，我知道你根本没有学过高等数学，就不要费神了，知道有这种方法就行了。"

朱笑笑不愿意就此放弃，接着问："我听说过'参数'这个词，不过好像不是公式啊?"

张驰露出赞许的神色:"确实如此。你想啊,一件事做的次数足够多了,工作效率也就不会有太大变化了,所花费的时间不就确定了吗?比如,在我们软件研发领域,就有'每万行代码人时'这个参数。"

"哦。那如果我没有那么多历史数据,或者它们的趋势不明显,又该怎么办呢?"

"这时就需要第三种估算方式了,叫三点估算。在所有的历史数据中,你可以很容易地找到三个数据——最大值、最小值和出现次数最多的值,出现次数最多的值在项目管理领域叫最可能值,在统计学里叫众数。找到这三个数值后,计算公式是非常简单的:

$$\frac{最大值 + 最小值 + 最可能值 \times 4}{6}$$

"你是说,我只要知道最大、最小和最可能三个数值,其他的都不用考虑了?"朱笑笑深感怀疑。

"对!这是源于统计学的公式。其实,三点估算是考虑了风险的一种估算方式,和直接使用最可能值相比,经过加权平均计算出来的这个估值将使你的命中率大幅提高。你知道能达到多少吗? 99%!"

"这么神哪!"朱笑笑觉得简直不可思议,"那要是我根本没有任何历史数据,又该怎么办?"

"由于项目是独特的,总有一些事物是你从未经历过的,这也很正常。这时,你需要找干系人来一起估算,然后算平均值。并且,除了要确定一个较为合理、而不是你'愿意承受'的估算值外,还要再额外增加一些资源(包括时间、成本等)应对风险,这叫储备分析。"

见朱笑笑若有所思地点了点头,张驰举起手在她眼前晃了晃:"几种估算方式都说完了,你来估算估算你的年会呗。"

朱笑笑歪着脑袋——给了个时间值，甘特图马上就有了变化。她瞪大了眼睛："太好玩儿啦！那么，整个项目的总工期是——"

"92天！"张驰指了指屏幕上的一个地方。

"哪天结束？"

"9月19日！"

"啊?！"

"我忘了改项目开始日期啦！"张驰抱拳表示歉意，"你的年会哪天开始？"

"12月16日立的项。"

"那么，项目的结束时间是——3月16日。"

"那可不行，我们老总要求在2月底开呢！"

"现在的计算结果是3月5日开……那你看看，哪些任务的时间能压缩？"

"这个压一天，这个压两天……其他的也不敢压了，我得给自己留点儿退路啊！"

"那么，我们就改变一下逻辑吧，哪些任务可以并行？"

"逻辑改了，流程就能变短吗？"

"当然啦！没逻辑哪儿来的进度啊？所有的计算都是基于逻辑的。"

经过一番痛苦的挣扎，软件中的年会召开日期终于落在了2月25日。刚要喘口气，朱笑笑猛然想起来："网络图呢？"

张驰神秘地挑了挑眉毛，在软件界面上点了两下，马上魔术般地变出了网络图，还能缩放和折叠。朱笑笑看得这个高兴呀，却又发现了一个奇怪的现象："为什么有些任务是红色的，有些是黑色的呢？"

"红色代表的是关键路径。"见朱笑笑没听明白，张驰又补充了一句，"就是整个网络中最长的一条。"

"你是说，任务数最多的一条？"

"不是，是总历时最长的一条，因为就是它决定了整个项目的长度。"

"那它就关键吗？"朱笑笑不能理解。

"从时间管理的角度看，就是这样……你等等。"张驰找来筷子、尺子、遥控器，一边在桌子上摆弄着一边说，"你看，这些东西代表网络中的不同路径，它们的总长度不同。最长的这个决定了项目一定要在这端开始、那端结束。它如果不能按期结束，是不是整个项目就延期了？而其他这些比较短的，即便晚一点儿也不要紧。"

"我一直以为关键是指某项任务特别难，对技术能力要求高的意思呢。"

"那是从项目的质量或风险的角度来看的。如果站在时间的角度，当然是要看哪些任务对工期影响最大了。也正因为这个，关键路径上的任务都叫作关键活动。那么，你想想看，站在成本的角度，什么样儿的任务最关键呢？"

"照你的说法，应该是花钱最多的吧？"见张驰高高竖起的大拇指，朱笑笑乐开了花，乘胜追击又问了一个问题，"那是不是说，最长的关键路径规定了项目的总工期，而那些比较短的路径能拖延多久必须以这个为限度？"

"太对啦！非关键路径，"张驰指了指那些比较短的物件，"与关键路径之差决定了它在时间安排方面的灵活度，这就叫时差。"

"也就是说，关键路径没有时差，非关键路径有时差，对吗？"

张驰沉吟了一下，说："这个说法有点问题，更严谨的说法是关键路径的时差最小。因为，关键路径的时差可能为零，也可能大于或小于零。"

"啊？！为什么呢？"

"如果你给项目进度加了储备，关键路径的时差不就大于零了嘛。实际上，给整个项目增加储备，会使每个活动的时差都变大。而在项目实施阶段，如果进度延期了，时差就会小于零呀。"

"明白了！那是不是用关键路径的总历时减去非关键路径的总历时，就可以算出各条路径的时差了？"

"时差的计算没有这么简单，而且，其实时差只针对各个活动，没有路径时差这个说法。"

"哦……"朱笑笑再次迷糊了。

张驰把网络图全部展开，指点着两端："你看，网络图只有一个开始和一个结束活动，所以，这两个活动肯定都是关键活动，对不？"

朱笑笑想了想，确实如此。

"可是，它们同时也属于非关键路径，而非关键路径是有时差的，这不自相矛盾嘛！"

"那到底该怎么算活动时差呢？"

眼见着时针指向了十一点，张驰不想耽误女友的美容觉，于是指了指时钟说："那个计算比较复杂，你不会也罢，反正有软件给你算。你只需要知道怎么用就行啦！"

一阵困意突然袭来，朱笑笑忍不住打了个哈欠："好吧，就这样吧，休息，休息一会儿……"

知识链接

◎ 项目会有几条关键路径呢？

至少一条。如果有并行活动或子路径，且其历时一样的话，也可以有多条。需要注意的是，关键路径越多，按时交付的可能性就越低。为了全面把控项目，我们还需要关注次关键路径。如果对进度进行了压缩的话，次关键路径很可能就会变成关键路径。所以，关键路径和关键活动是项目时间管理的重点，次关键路径和次关键活动则是次重点。

第 10 章

规划成本——每个项目成本要全面核算

01 全生命周期成本——换人的隐性成本竟然这么高

"老安,你怎么唉声叹气的?"看到整天慈眉善目的安为善突然晴转阴,朱笑笑很是诧异。

"唉,刚才研发部一名骨干员工提出辞职,我和部门老总极力挽留,磨破了嘴皮,可人家去意已决。"

朱笑笑奇怪地说:"不就走个人嘛,你再招一个不就行了?"

安为善的眼睛瞪得比灯泡还圆、还亮:"再招一个?你说得轻巧!你知道换一个员工的成本有多大吗?"

朱笑笑不以为意:"不是经济危机、失业率上升了嘛,市场上找工作的人不多的是?没准儿你能花更少的钱,找个更能干的呢!"

"那是人家发达国家,我们这里可是用工荒!媒体上天天报道'人口红利不再',你难道不知道?"

"听是听说过,可总觉得和咱们没太大关系。再说了,"朱笑笑歪着脑袋,突然想到当时自己可是迫不及待地接受了公司的 offer(职位)的,"求职者这么多,还不是任你挑任你选?你尽可以压价儿嘛。"

安为善无奈地说:"你不干招聘工作,不知道招一个性价比高的员工有多难。人员结构就像个金字塔,基层员工确实选择余地比较大,可是越是技术能力强的人要价越高,换人的代价也越大呀!"

"不就是发发招聘广告,然后面试一下嘛。"

"哪有这么简单?这也是个项目呢!"

哦?招聘员工也是项目?朱笑笑一下子来了兴趣,眼睛瞪得大大的:"那该怎么算项目成本呢?"

"项目管理强调要管理'全生命周期成本'(在某些应用领域中叫完全成本法),也就是说,我们得站在整个产品生命周期的角度,核算可能产生的所有成本。"

"不是'项目生命周期'吗?怎么又出来个'产品生命周期'?"

安为善一招手,朱笑笑颠儿颠儿地跑到他桌前,看着他在纸上一边画一边讲:"项目的目的是产出可交付成果,这个成果交付给需求方之后,不就变成'产品'了吗?"

朱笑笑嘴巴大张,头慢慢后仰,像是被什么东西拉住了,然后又突然松开了:"哦……对呀!做项目的目的不是项目本身,而是要交付产品。那,从产品生命周期角度看,会有哪些成本呢?"

"可以从狭义和广义分别看。狭义地看,指企业内部及相关方发生的、由生产者负担的成本,包括策划、开发、设计、制造、营销、物流等过程中的成本;广义地看,指上述成本再加上消费者购入后所发生的使用成本、废弃成本和处置成本等;更广义的还包括社会责任成本,即贯穿在产品生产、使用、处理和回收全过程中的成本,主要是环境卫生、污染处理等所发生的成本支出。传统意义上,产品生命周期成本通常取其狭义,而现代意义上,更强调广义,因此它属于组织战略成本的一部分。全产品生命周期成本有助于项目执行组织的管理者克服短视行为,更加关注长期和潜在收益,使得产品能够长期盈利,并提高企业的社会责任感。"

朱笑笑听得似懂非懂，皱眉问："那换个人到底都有哪些成本呢？"

安为善喝了口水，想了想，说："成本有很多种，除了我们为某件事付出的金钱之外，时间是不是最大的成本？除此之外，我们还可能为此错失某些机会、得罪某些人，这些都是成本。"

朱笑笑从来没想过，原来成本不单单是钱哪。她好奇地问道："那该怎么计算这些成本呢？"

安为善挨个儿解释道："时间可以折算为相关人员的工资，机会可以用合同额或利润额算，而与他人的关系嘛，恐怕就很难用数字说清楚了。"

"那——还是用直观的数字算算吧。换个人需要在哪些方面花钱呢？"

"你说的招聘广告费只是显性成本，除了这个，还包括参加招聘会的会费、交通费、伙食费、筛选简历、面试人员消耗的人员工资，和应聘人员沟通的通信费及因此而消耗的电费……"

朱笑笑听得头晕："有这么多费用啊！这些都核算为你的招聘项目成本吗？"

"应该是这样，但实际操作中，很多企业都不这样做，因为实在不好核算。于是，直接成本的部分是逐项核算的，而间接成本的部分往往以一定比例或数额摊进去。"

"什么是直接成本和间接成本？"

"直接成本就是和项目直接相关的成本，说得通俗点儿，就是做项目就产生、不做项目就不产生的成本，刚才说的大部分都属于直接成本。而像房租、水电费等做不做项目都会发生的成本就是间接成本。"

"那你的工资应该是间接成本哪，因为招不招人都得发啊。"

"如果压根儿不需要招聘新员工，也就不需要我啦。只不过，我的工资将按不同项目的工作量分摊而已。如果我需要你帮助，你的一部分工资也是要核算进来的。"

"新员工的工资呢？"

"那属于运营的范畴，不是我的招聘项目。不过，老员工离职的补偿金等可得算进来。"

"这样啊——那你的招聘成本确实挺高的。"

"光这些成本就相当于离职人员好几个月的工资了。如果要招聘中高层或技术骨干，还得动用猎头，面试需要多个回合，总成本恐怕要比他的年薪还高呢！"

"啊？！"别说李总，听说梅总一年也能挣三五十万呢，她要是离职了，公司也会花三五十万再找个总监吗？朱笑笑瞪圆双眼，舌头伸得老长，活像个白无常。

安为善斜瞟了她一眼："这还不算完，还有很多隐性成本呢。"

"什么是隐性成本？"

"这是我借用过来的一个概念。它本来指'厂商本身自己所拥有的，且被用于企业生产过程的生产要素的总价格'。固定资产折旧就是典型的隐性成本。我则把那些不容易被发现和核算，从而往往被忽略的成本称为隐性成本。"

"哦？难道还有财务部门发现不了的成本吗？"

"有啊！人走了，工作可不能断，离职员工的工作交接是不是要产生成本？其他员工凭空增加了工作量，是不是会产生不满情绪？工作效率是不是会降下来？客户是不是会因此不满意？如果离职员工是带着怨恨走的，是不是会在外面说公司坏话？会不会到了一家新公司后，把原来的同事连锅端过去？按现在的物价上涨趋势，同样的工资待遇基本不可能招来和老员工一样水平的人，势必要提高待遇，是不是又增加了公司运营成本？如果他的工资定得比其他人高，被老员工知道了，是不是又会引起新一波的要求加薪，甚至不加就走人的恶性循环？

即便没这方面的问题，新员工还得熟悉企业文化、工作要求、人际关系，至少有一两个月进入不了工作状态吧。况且，越是骨干越不容易和同事搞好关系，而且不但不反思自己的问题，还动不动就要求加薪……"

唉，我就是个没什么议价能力的基层员工，什么时候能变成有"要价权"的高级人才呀？朱笑笑的心情也沉重起来。

知识链接

◎ 招新员工有那么多成本吗？

是的，项目管理学特别强调全生命周期成本，要求我们要站在整个产品生命周期的角度，核算项目可能产生的所有成本。

◎ 项目结束了不就和我们没关系了吗？

虽然项目结束了，可交付成果就转化成了甲方资产进入运营期，然而我们的项目成本是需要甲方付款来弥补的。所以，如果甲方不满意，别说利润，回本都困难。

馋嘴成本

02 主要成本类别——工作和留学的选择

"娜娜，我从没想到招聘一个新人要花那么多钱呢！"

"怪不得请我吃这么小资的私家菜，是来做说客的吧？"张丽娜似笑非笑地凝视着朱笑笑，就像她是自己久未谋面的情人。

"什么说客呀？"

"你不是都知道了吗？"

"我知道什么呀？"朱笑笑被她看得浑身不自在，"你干脆直说吧，我的毛儿都竖起来了。"

张丽娜眉稍微挑："还装得挺像，是安为善告诉你的吧？"

朱笑笑更是摸不着头脑："我们整天挨着坐，他告诉我的事儿多啦——啊，不对！"她差点儿从座位上跳起来，"不会要辞职的那个人就是你吧？"

张丽娜轻轻点了点头。

朱笑笑这回真跳了起来："为什么啊？你不是干得挺好的吗？"

张丽娜轻轻叹了口气："我接到了美国一所大学的录取通知书，虽然不是非常理想，但毕竟也是个挺不错的机会，有全额奖学金呢……"

"你的学识比我强多了，还学什么呀？还让不让人活了！"朱笑笑噘起嘴，跌坐在沙发里发愁。

"没有啦，你也很努力啦。"张丽娜伸出手来，想鼓励鼓励眼前这位越挫越勇的小妹妹，"我如果不继续深造，被你超过了怎么办？"

朱笑笑更加沮丧："我怎么能跟你比呢？刚找到个又能学东西又聊得来的姐姐……"

"我可以和你发微信、视频聊天呀。现在的通信工具这么发达。"

"那毕竟不一样嘛！你好好的总监助理不做，瞎折腾什么呢？再说，汤总可是难得遇见的好上司……"

"是啊,我也觉得有点儿可惜,可是人生是由选择造就的,鱼和熊掌不可兼得,总得有所舍弃呀。"

"那你怎么就选了出国呢?好好的工资不挣,得花多少钱哪!"

"这件事我是慎重考虑后才决定的。和保持现在的工作状态比,我认为出国的成本效益比更高。"

"怎么听你说的就跟公司做项目似的。"朱笑笑还沉浸在好朋友即将离去的失落情绪里。

张丽娜前倾身体,向朱笑笑靠近了些:"这当然是个项目啦,所以我是仔细核算过成本的。"

朱笑笑稍稍反应过来:"哦?那你跟我说说都怎么算的。"

"如果我留下来继续工作的话,每月税后工资 1.5 万元,听起来好像不低,可是北京的生活成本高,租房就得用掉 4500 元,交通、伙食,怎么也得 4000 多元,加上水电费、手机费什么的,一个月最多能存下 5000 元,一年 6 万元;再买两件衣服、回家探个亲什么的,一年算下来,能节余 4 万元就不错了。所以,我每年的成本效益比不到 30%。"见朱笑笑茫然的表情,张丽娜补充道,"就是拿节余的 4 万元,除以每年的所有生活成本——18 万元减去 4 万元等于 14 万元,4 万元除以 14 万元等于……28.6%。"

"哦……原来账可以这么算。"朱笑笑茅塞顿开。

"当然要这么算啦!光看工资收入有什么用?要看花多大的代价,能获得多少收益,这才是真正的'盈利'。何况,那 14 万元里固定成本居多……"

"什么是固定成本?"

"就是数额基本不变的成本,比如房租。"

"房租哪儿是不变的啊,前两天电视上还说最近又普涨了呢!"

"所谓'固定'并不是完全不变的意思,而是'不随产量或使用量的变化而变化的意思'。比如同一幢房子、同一个时间区间，房租是固定的，并不因为你住不住、住几个人而不同吧？再比如工资……"

"这个确实是'固定'的啊。"朱笑笑撇了撇嘴。

张丽娜忍不住笑了："因为固定成本基本不变，所以要想省钱，就得打可变成本的主意。"

"我知道了，可变成本就是跟着产量变化的成本呗。"张丽娜刚要竖起大拇指，朱笑笑又补充道，"像饭钱……"

张丽娜赶紧打断了她："可不一定哦！如果像咱们公司这样，午餐费打到员工卡上，而你只能凭卡到员工餐厅吃饭的话，对于公司和员工双方来说都是固定成本；如果午餐费打到工资卡上，你想在哪儿吃就在哪儿吃的话，公司花的是固定成本，你则要把这笔钱视为收入，实际花的饭钱才是可变成本。"

"啊？区区几百元的午餐费也这么麻烦？我不吃不就没有成本了吗？"

"不吃饭不就饿死啦？"张丽娜嗔怪地指了指朱笑笑，"你说的其实是另一对概念——直接成本和间接成本。它们的区别在于相关性。也就是说，做一件事才会产生，不做就不会产生的成本，叫直接成本；而无论做还是不做都得花的钱就叫间接成本。"看朱笑笑已经被绕晕了，她又举了个例子，"比如刚才咱们提到的工资，项目经理的工资是典型的直接成本，无论做多少个项目，这项成本的数额是不变的，所以它又属于固定成本。但是，项目经理的奖金可是可变成本哦。"

朱笑笑晃了晃脑袋："我的神哪！搞这么复杂，还让不让人活了？"

张丽娜笑了，拿出随身带的记事本，边说边在上面写了两个公式："固定成本与可变成本可是我们报价的重要依据。固定成本是不变的，只有可变成本对数量敏感，即产品数量直接影响着总成本额及单个产品的平均成本。有两个公式：报价 = 成本 + 预算利润；成本 = 直接成本 + 间接成本 = 固定成本 + 可变成本。"

"也就是说,可变成本决定了价格?"

"不,决定价格的是边际成本。"

"边际成本?"

"所谓边际成本,是产品每增加一个单位所带来的总成本的增量。成本的增加额和可变成本强调了其随产量的变化产生的不同,而边际成本强调了单个产品所带来的成本增加,它是个增量。所以边际成本只有在对增量进行的经济分析中才有意义。"

"哦。那该怎么进行分析呢?"

"我们每多产出一个可交付成果,都要付出边际成本。其中一部分可能是稳定的,如原材料;另一部分则可能会有所变化,如生产效率。经验及统计学告诉我们,同一件事情,做的次数越多效率就会越高,因而,边际成本呈下降趋势。"

朱笑笑拍手笑道:"这可是个好消息!"

张丽娜也笑了:"确实不错,但是,边际成本下降的速度会越来越慢,到一定程度时将趋于平稳。"

"既然边际成本下降了,价格也会下降,对吗?"

"如果只考虑成本因素的话,这是很可能的,但是下降的幅度还要进一步看固定成本与可变成本之间的关系。以机场为例,看这个图(见图10-1)。"

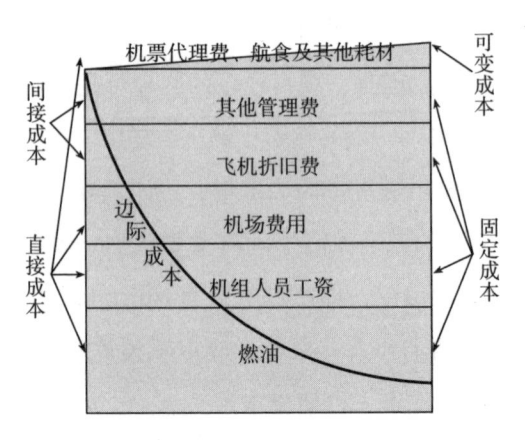

图10-1 机场固定成本与可变成本之间的关系

张丽娜边画图边解释道:"可见,可变成本占总成本的比例越低,降幅越大;反之,企业就会'咬定价格不放松'。最明显的例子就是商品房,再给你看一个图(见图10-2)。"

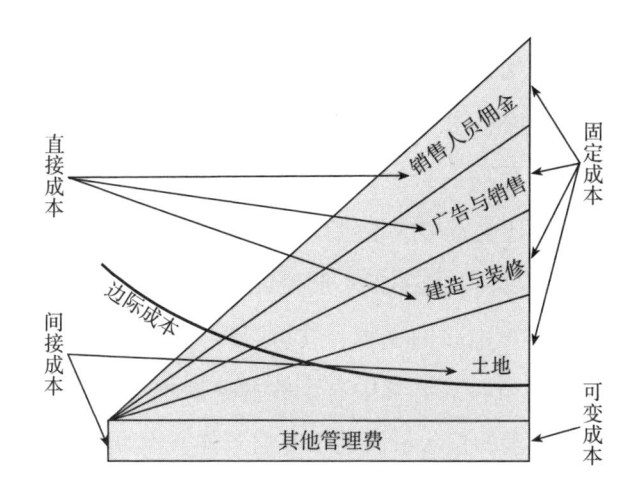

图 10-2 商品房固定成本与可变成本之间的关系

"可是媒体上说,开发商拿地成本确实挺高的,价格当然下不来啦。"

张丽娜笑着摇了摇头:"我们刚才聊的是一些比较重要的成本概念,具体到商品房能不能降价,其实主要看的不是成本,而是趋势。如果国家政策能够有所放松,开发商抱团取暖就是正确的;如果政策一直趋紧甚至更加严格,那他们守着沉没成本就非常不明智。"

"沉没成本又是什么?"

"沉没成本就是已经花费掉的成本,是既成事实,也就是俗话说的泼出去的水。咱们有个成语叫'覆水难收',既然难收,那还要不要收呢?"

朱笑笑脸上一副痛苦纠结的表情:"想收,可是收不回来呀。"

"是啊,除非你把它泼在一个密封的容器里,否则怎么也不可能收回来了——即便收回来了,也会有损耗。因此,从沉没成本的角度考虑，眼睛一定要往前看，别管已经付出了多大代价，该降价时就降价。"

"那也不能赔本儿吧？"朱笑笑想不通。

张丽娜把胳膊环了起来，靠在沙发背上："看看，道理说起来很简单，但做到就难。佛说'舍得舍得，不舍不得'，因不舍而不得甚至失败的教训可是非常惨痛的。"

"看样子，'三思而后行'真是至理名言！不过，开发商当初那么热衷于高价拿地，还是觉得成本虽高，回报更大吧？"

"这是个重大误解。"张丽娜不屑地说，"你想想吧，要真这样的话，我们只需要投入尽可能多的成本，就可以得到无限高的收益了——天下哪儿有这样的好事？经济学中有个收益递减规律，它告诉我们，在技术和其他生产要素的投入量固定不变的条件下，边际收益会递减。"

"这不就是'三个和尚没水吃'的意思嘛。"张丽娜这回毫不犹豫地竖起了大拇指。朱笑笑受到称赞，胸中豪气顿生，指着边际收益曲线问道："边际成本终会变成一个值，那边际收益是不是也会这样？"

张丽娜脸上洋溢着肯定的笑容："当然会的！在到达某个临界点之后，你付出的代价再高，获得的回报也不会有什么变化了。想想看，边际收益曲线是否会向下反转呢？"

"这……不大可能吧？"

"其实，这是可能的。最典型的例子就是溺爱，父母对孩子爱得太多、做得太过，就会把孩子'淹死'。现在社会上，'心理断奶期超长''高分低能''啃老'等现象比比皆是，许多人都惊叹'现在的孩子怎么了'，其实，更需要质疑的是'现在的父母怎么了'，为什么教育不出来具有独立思考能力和生存能力的孩子呢？"

朱笑笑脸上微红，自己也多少啃着老呢，并且心理上还是不能适应打工生活，老想回到学生时代，甚至想做个除了吃和睡什么都不会干、也不用干的懒虫，被馊儿戏称为"心理史努比"。

张丽娜似乎没有看到朱笑笑的局促不安，自顾自说道："其实，养育孩子是个典型的项目，重点不在'养'，而是在'育'字上。因为，这个项目的可交付成果不是'长大'，而是'成人'，也就是要培育出具有独立的思考能力、解决问题能力的孩子，至少得能独立生存吧。"突然意识到这么说有自我夸赞的嫌疑，她赶紧转移了话题，"所以，做任何事都要有度。"

"'度'在哪里呢？"

张丽娜把两条曲线画在了一起："就是边际成本和边际收益两条曲线的交点，也就是常常说起的最佳性价比（见图10-3）。"

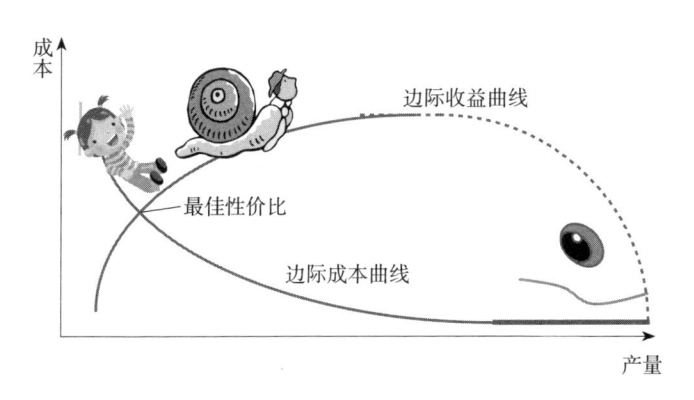

图 10-3　最佳性价比

朱笑笑突然感到一股莫名的惆怅，和这个美女聊得这么投机，以后这样的机会恐怕越来越少了。不行，我还得劝劝她！

"你要是出国的话，没什么收入了，成本效益比岂不成了零甚至是负数吗？"

张丽娜掰着手指数着："首先，我得到的是全额奖学金，所以学费和住宿费为零；其次，我打听过了，那边允许半工半读，我努努力的话，自己养活自己基本没什么问题，所以生活费也为零；我需要支付的成本也就是往返机票大概 2 万元，买一些必要的生活用品和书籍资料大概 2 万元。这样算下来，留学两年拿 20 万元足矣。如果我替导师多做些高质量的工作，还能再挣些外快，说不定还能去旅游呢！"

"一两年内确实如此，但要是把眼光放长远些，结果可能就不一样啦！"

"我只算了留学期间的成本，两年后就不一样了。假设我毕业回国，找到一份月薪 3 万元的工作，理论上讲，生活成本不会有太大变化，仍为 14 万元，可收入变成了 36 万元，成本效益比马上就变成 157% 啦！"

"美得你！现在物价上涨得多厉害啊！"

"那我们假设物价每年以 10% 的速度上涨，两年后生活成本就是 16.8 万元，成本效益比是 114%，仍然比 30% 高出一大截儿。"

"那你前两年没收入就不算啦？"朱笑笑不服气地揉了揉鼻头儿。

"哈哈！"张丽娜被朱笑笑的滑稽表情逗得忍俊不禁，她另翻一页画了起来，"你看，我如果不出国，每年的成本效益比都是 30%。就算是公司每年给我涨 10% 的工资，因为物价也是以 10% 的速度上涨，所以这个数字也没有变化——何况这还是不可能的。如果我出国的话，前两年没有收入，成本效益比为负，从第三年开始，这个数字就会加速上升……你看，第四年的成本收益比就超过 30% 了，时间越长，这个数字就越大（见图 10-4）。"

"那……好吧，"朱笑笑无奈地说，"可是万一这两年里你能升职呢？"

张丽娜摇摇头："万一万一，万分之一，多小的概率呀！完全不确定的事根本不在我的考虑范围内。世上的人就是被无数万一束缚了，不敢有所变化，而做项目就一定要敢于承担相应的风险。和出国留学相比，死守在总监助理这个职位上的机会成本太大了。"

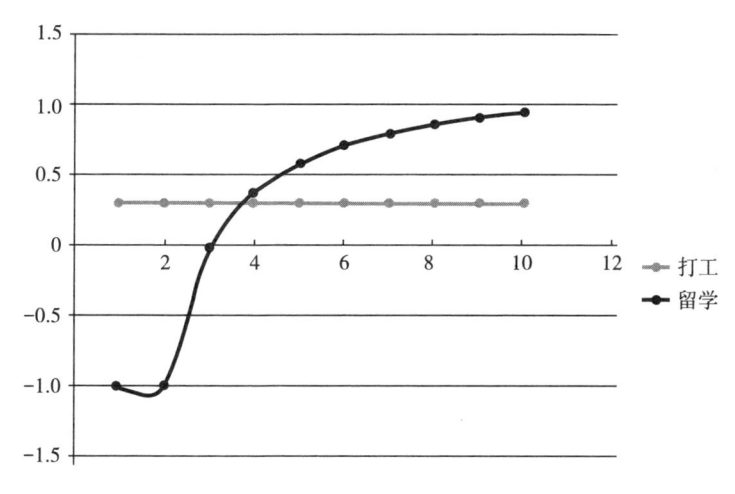

图 10-4　打工与留学的成本效益比

"机会成本？"

"就是因为选择一个机会而必须放弃另一个所产生的成本，虽然我并不会真的把这笔钱花出去，但是可以挣的没挣到，也是种成本哪！做项目总要面临选择，当然要选机会成本小的啦。"

"可我还是觉得……"朱笑笑不知道该怎么表达自己的意思。

张丽娜一挥手："我可不想过按部就班的生活！你看留学这条曲线，多像一个蜷体弹跳的动作，我希望自己的人生可以实现质的飞跃！"

"可现在'海龟'早变成'海带'了，那个机会成本不高吗？"看着张丽娜容光焕发的脸，朱笑笑生生把这句话咽了回去。

03　成本基线——要清楚在什么时间、花多少钱

"各位老总，到今天为止，年会项目已经立项四周了，我现在向大家简要汇报一下目前筹备工作的进展……"经过精心准备，朱笑笑这次可谓是高调亮相。看到各位老总聚精会神的表情，朱笑笑心里既有

些得意，又对张丽娜的点拨充满敬佩和感激。但想到她不久就要走了，朱笑笑心里又有些难舍。

梅胜男清了一下嗓子，抬高了声调："年会项目涉及面比较广，所以介绍起来可能稍嫌啰唆，不过请大家放心，不会占用各位老总太多的时间。请大家先听，大概15分钟后，我们来集中讨论。Julia！"

朱笑笑回过神来，赶紧开始讲解项目计划、目标、干系人分析、WBS、工作清单、甘特图、网络图、责任分配……一路讲下来，她发现听众的肢体语言发生了明显的变化，李鄂生双手交握放在桌子上，乔斌左手抱胸、右手放在下巴上听得很专注，汤树人笑眯眯地盯着她的PPT（演示文稿），梅胜男靠在椅背上静静观察着其他人的反应。

搞定！这么多天来奋战的成果，老总们该不会还有什么反对意见了吧？朱笑笑强忍着内心的得意，偷偷观察着大家的反应。

伏龙腾一如既往地心不在焉，一会儿看看手机，一会儿和坐在旁边的汤树人开小会。不过，最让朱笑笑担心的是陆克静，她根本不往朱笑笑这边看，两手始终在胸前叉着，低着头，没有任何反应，好像年会跟她一点儿关系都没有似的。小心，这可是颗不定时炸弹！

"请看，这是各个成本项下的数额：交通费、餐费、住宿费、礼品费、场地费等。其中，只有场地费是固定成本，其他成本项都和参会人数直接相关。由于确切的参会人数目前还没有统计上来，所以我是按照过去三年的平均数——约180人，加上30名合作伙伴，共计210人来计算的。再加上外请培训公司的费用及少量的备用金，年会项目的预算总额是80万元。"

陆克静依然没有任何反应，朱笑笑有点儿着急了——这可是我最费心费力准备的部分，充分回答了你上周提出的问题呀！

"我汇报完了，请各位老总提意见。"没有得到所有老总的一致肯定，朱笑笑尽管有些心理准备，但还是有点儿怅然若失。

"呃……我先说两句。"见大家都不吱声，汤树人主动打破了沉默，"合作伙伴那边儿我还没敢联系呢，因为不知道哪天开呀？"

朱笑笑感激地冲他笑了笑："根据目前的安排，是2月25日，周六。"

汤树人呵呵笑了："你记得还真清楚。来多少人我可不敢说，尽量控制在30人，行吧？"

"愿意来当然是好事，来多少我们都欢迎！"还没等朱笑笑回答，李鄂生耸耸肩，摊开双手做了个类似欢迎的姿势。

汤树人轻轻笑了一下，不再吱声。

"乔总，你对时间安排有什么意见吗？"李鄂生再次叉起双手，转头看着乔斌。

一贯话少的乔斌惜字如金："我们3月份封闭开发。"

"安排在2月底，应该对你们没什么影响吧……这样吧，干脆提前一周，如何？"

"都可以。"乔斌像受到对面的陆克静传染一样，两条胳膊也抱成了一团。

"这样，Julia，你再做个进度表，把年会时间提前一周，至于到底哪天开，再议。老汤，你也跟合作伙伴们说个活话儿吧。龙腾，你有什么想法吗？"

伏龙腾正低头忙着发微信，摇头摇得那叫一个快，好似要赶走在他脑袋周围嗡嗡的蚊子。

"陆总，你呢？"李鄂生的笑容有点儿僵硬。

陆克静终于抬起了头："我记得你说过，年会预算要控制在利润额的1%以内，对吧？根据我目前掌握的不完全数字，恐怕没有80万那么多。"

李鄂生自己都不记得曾经说过这句话，难为陆克静还记得这么清

169

楚："呃……那你觉得预算应该控制在多少呢？"

"如果你坚持 1% 的比例的话，应该是 60 万 ~ 70 万。"

"Julia，你根据这个数字重新规划一下，再报给陆总看看吧。"

"那我把各项费用再压缩一下，控制在 70 万元以内？"朱笑笑怕陆克静再提什么问题，赶紧确认一下。

"我要个总数有什么用？我也不关心每个人吃多少钱、住多少钱，那不叫预算！我要知道的是，"陆克静转向目瞪口呆的朱笑笑，一字一顿地说，"在什么时间，花多少钱。"

知识链接

◎ **预算不是各个成本项下要花多少钱吗？**

那是估算，即逐一估计每项活动需要花多少钱（估算方法与活动历时估算相同，详见第 9 章 "04 关键路径——抓住项目红线"），然后向上汇总到各个成本项下；而预算则要考虑每笔成本发生的时间。所以，必须与项目进度计划结合起来，才能得到项目预算。将各个活动的估算成本按其发生时间进行汇总后，将得到项目的成本基线。成本基线是按时间分段的预算，是对项目成本进行绩效测评的依据。

◎ **项目成本基线是什么样的？**

在多数项目的生命周期中，成本与资源投入会呈现相同的趋势：在项目早期缓慢上升，中期逐渐加大投入，到临近结束的时候达到峰值，而在收尾阶段迅速回落。因而，项目的成本投入曲线将是一条抛物线的形状。而预算强调的是总数，当我们把相关成本累积起来时，就可以得到项目成本基线了（见图 10-5）。因为项目成本基线具有这样的形态，它又被称为 "S 曲线"。许多项目，特别是大型项目，可以有许多成本基线，用来测量成本绩效的不同方面。

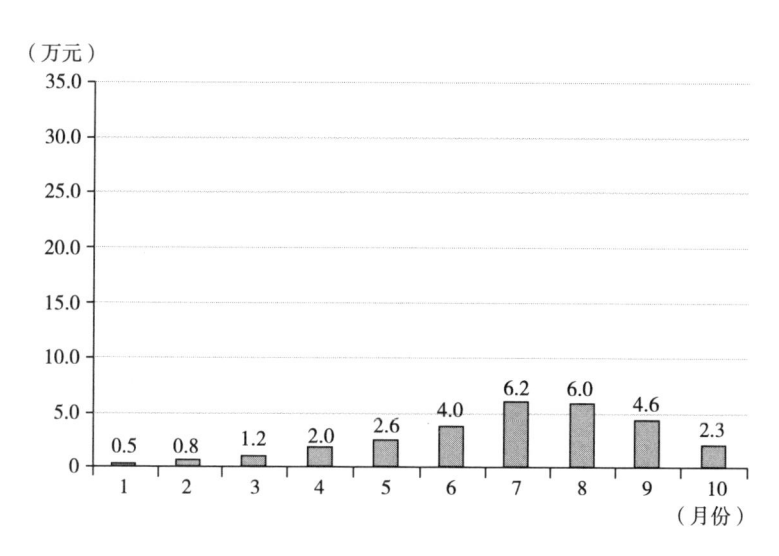

图 10-5 项目成本基线

◎ **知道项目成本基线的形状有什么意义？**

这有助于组织及项目管理团队掌握成本趋势，提前做出相关安排。组织不可能把项目总预算一次性转入项目账户，需要分期拨付，而成本基线正好为组织提供了这方面的依据。

第 11 章

规划风险管理——无论做什么事，总伴随风险

01 风险和风险管理计划——可以刺激，但不要惊险

经过近两个小时的颠簸，车子终于开进了一个度假村模样的院子。大门里有十多个人在列队欢迎，他们穿着一样的衣服，戴着一样的帽子，一看就是工作人员——啊，朱飞宇在那里！朱笑笑像看到一根救命稻草，一把抓住了他的胳臂："你们这里也太远了，而且怎么看着那么破啊？"

"您别急啊，朱姐。"朱飞宇笑得特别灿烂，"这是我们的内部培训基地，也就是我们自己培训用的地方。之所以请客户到这儿来，就是想请大家看看我们是怎么培训自己的培训师的。真正给客户用的不是这里，我们还有好多个基地呢，那里的条件要比这里好得多，四星级的都有！"

"哔……"一声清亮的哨音响起，朱笑笑回头一看，一个皮肤黝黑、身材魁梧的人站得笔直，招手示意大家过去。他是今天的主带王老师，向前来体验拓展课程的人简单介绍公司历史、拓展培训的特点和原则等。其间，其他工作人员都在边上站成一排，双手背后，胸脯挺得高高的，别提多精神了！朱笑笑也不由得挺直了腰板儿。

第11章 规划风险管理——无论做什么事，总伴随风险

"今天，我们为大家安排了三个科目，上午是'背摔'，下午是'孤岛'和'求生'。为了保证今天的课程能顺利进行，现在，我们要把大家分成两队……"

朱笑笑感觉有人在碰她的胳膊，回头一看，安为善把头凑过来小声说："咱俩一队，好有个照应。"

转过楼群，穿过树林，眼前豁然开朗。哇，原来这里别有洞天！训练场地坐落在一个小小的湖边，湖面虽然已经冻得很瓷实了，可是天公作美，艳阳高照，让人的心情一下子敞亮起来。

这是朱笑笑第一次参加拓展培训，一个小小的"背摔"让她大长见识。原来，在挑战面前，人和人之间的表现是那么不同，有的可以很好地按照老师的要求做，有的则要反复激励和校正。朱笑笑一直以为自己挺勇敢的，真站到背摔台上了，转过身去的一瞬间，才发觉摔下去需要多大的勇气。

安为善是这一队里花费时间最长的。下面接人的队员举得胳膊都酸了，他就是不肯倒下去。其实，更大的可能是他受不了其他队员说："××都行，你为什么不行？"经过王老师五次三番的引导，他终于紧闭双眼向后倒下去。可是，在他马上就要落在接人队员的胳膊上时，他突然又蜷起了身体。由于动作太猛，他一下子失去了平衡，倒向一边，于是，他的头重重砸在一个队友的肩上，屁股则把另一边的队员砸得差点儿飞出去。

一阵惊呼，大家迅速围了过来，王老师也赶紧跳下背摔台，拨开人群挤了进来："怎么样，没事儿吧？"被砸到的队员自己揉着痛处，活动活动四肢，表示没什么大碍。安为善脸色墨黑，一言不发。

午饭时，朱笑笑偷偷问："老安，你没事儿吧？"见安为善不搭理她，她就找其他队员说笑去了。

下午的"孤岛"科目，两个组都失败了。尽管参加培训的人都受

173

到很大的打击，但在合并总结的时候发言特别踊跃，纷纷表示自己的收获巨大。王老师满意地微笑着说："拓展培训的目的，就是通过设置一些相对极端的情景，让大家换一个视角去发现自我、挑战自我。下面，我们来进行今天的最后一个科目——求生！"

面对四米高的求生墙，所有人都惊讶万分："我们怎么可能爬得上去呀？"

王老师认真地说："在一生中，大家会遇到很多面看似高不可攀的墙，如果怀疑、犹豫、退缩，终将一事无成。而你们如果能挑战自我，善于团队合作，将共渡难关，共同成长！"

一席话说得大家血脉偾张。于是，这些平日里举止端庄、言语斯文的白领们纷纷扔掉外套，摩拳擦掌地开始叠人墙。

看到安为善冷冷地站在一边，朱笑笑拉了他一把："老安，快点儿呀，你当梯子合适！"

安为善嘴角撇了一下："我当不了梯子。"

朱笑笑奇怪他为什么这么说，不知该怎么劝他。王老师过来了，关切地说："安同学，你是有什么不舒服吗？"

安为善一挑眉毛："上午背摔时硌着腰了。"

王老师装作没听懂他的言外之意，关切地问："那要不要紧？是不是去医院看一下？"

"我的腰可是有旧伤，我得去大医院看。"

"那好吧。如果有任何问题，请你告诉我们，我们会负责到底的。'求生'这个科目是今天最后一个，也是一个非常具有挑战性的科目，如果可以的话，请你尽量参与一下。"

安为善使劲地摇了摇头，王老师无奈，只好让朱笑笑先加入队伍。

40分钟后，参加科目的所有队员都顺利地跃过了高墙。坐在返城的车上，累了一天的队员们大多呼呼睡了。朱笑笑还沉浸在惊喜和兴奋中，她扭头冲安为善说道："原来拓展训练这么好玩儿，可以说是有惊无险！王老师讲得也特别棒，深入浅出，循循善诱。你说是不是，老安？"

安为善闭着眼哼了一声："拓展训练这种形式虽好，但这家公司太不专业了，根本不会控制风险！"

"糊儿啊，你昨天怎么了？这一宿，又是说梦话又是练散打的，搞得我都没睡踏实。"张驰躲闪着刺眼的阳光，一翻身又要睡过去。

朱笑笑把张驰的头转过来使劲儿摇晃着："快起啦，快起啦！太阳都晒屁屁啦！"

咦，太阳打西边出来啦？张驰对朱笑笑罕见的早起行为既讶异又不满："你是睡醒了，我还困着呢！"说完他干脆把头埋进了枕头下面。

朱笑笑干脆跳上床，抓着张驰的腿轻一下重一下地拉了起来，一边拉还一边大声唱着："拔萝卜，拔萝卜，嘿呦嘿呦拔不动……"

张驰只好求饶："我起，我起还不成吗？再拔就成没皮儿萝卜啦……"

"谁让你赖着不起呢！"朱笑笑一屁股坐在张驰的肚子上，"王老师说了，要勇于和自己的懒惰、怯懦和拖延说再见。"

"王老师？谁呀？"

"我昨天不是去体验拓展训练了嘛，我们组的带队老师呀。"

"哦……昨天的课怎么样？"

"太棒啦！我从来没有想到，原来课还可以这样上……"朱笑笑一骨碌爬到枕边，跟张驰绘声绘色地讲着前一天的奇特经历，"……可是，这么好的课，老安居然说不专业，他怎么那么挑剔呀！"朱笑笑嘟着嘴，一脸的不服气。

"老安怎么也去了？"

"我没上过这种课，特地向梅总请示，梅总请他来帮我把关的。"

175

"那他的意见就很重要了。他为什么说对方不专业呢？"

"我也不知道，他只说他们'不会控制风险'。事情是这样的……"朱笑笑一边说一边比画着。

"老实说，这个培训公司也确实有点儿疏忽了。"张驰叹了口气，"安全监控可是拓展训练的灵魂哪！你想想，那么多的学员，那么高的架子，不仔细监控风险的话，确实容易出事儿！"

"可别人都完成得挺好的，就他出了岔子。而且他砸着了别人，连句道歉的话都没说，那两个人可比他伤得重。我当时看见，其中一个人的右肩膀都肿了。"朱笑笑不服气地说，"他那么胖，也不考虑考虑队友的安危，直接就一个大肉球儿砸下去……"

张驰抬手止住了她的话："那也不能全怪他。毕竟，谁都有自我保护意识，那只能说是最自然的本能反应。"

"可是王老师提前把注意事项讲得很清楚啊，谁让他不认真听，就顾着发微信了。"

"不管怎么说，培训公司作为课程的组织方，是有责任的。"

"我就不这么觉得，人家道歉了呀，还说要送他去医院，他自己阴阳怪气地最后没有去，连最后的'求生'都没参加。"

"你们的'求生'科目成功了吗？"

"当然啦！'孤岛'可以说是惨败。回顾的时候看到任务书，我们才知道自己在沟通方面弱爆了。做'求生'时大家万众一心、同仇敌忾，结果大获全胜！"朱笑笑双眼放光，一下子又回到突破了看似不可战胜的困难时的那种狂喜状态。

"就是啊！"张驰一拍大腿，"你知道安为善为什么不满意吗？他在众人面前出了丑，觉得很没面子，但又不好意思承认，所以后边的活动就不积极了。由于他不积极参与，又错失了和大家共享成功的机会，这让他倍加郁闷。"

第 11 章　规划风险管理——无论做什么事，总伴随风险

"那还不是怪他自己！谁让他不听老师的话在先，又好面子在后的。"朱笑笑对着虚拟安为善的方向狠狠地瞪了一眼。

"好面子是每个人固有的心理嘛。"张驰推了推朱笑笑的肩，"只是性格和环境不同，表现的形式不同而已。安为善是个资深的老 HR，自尊心特别强也是正常的。"

"那也不能拉不出……呃，睡不着觉赖枕头嘛。"朱笑笑生生把脏话咽回了肚里，觉得噎得自己很难受。

张驰宽容地笑了："不管他人如何，我们都必须做好自己该做的事。风险是项目的常态，而人，是项目的最大风险哪！"

咦？又是风险。"到底什么是风险呢？"朱笑笑问道。

"在许多人的心目中，风险是个带有较强消极含义的词，一听到这个词，第一反应就是逃跑。但在项目管理学科中，它是个中性词，其定义特别强调两点：风险是不确定的，这种不确定因素对项目有影响。"

"项目一定包含风险吗？"

"那当然啦，风险无处不在。其实，万事万物的发展都存在某种程度的不确定性。如果向有利的方向发展，我们称之为机会，反之则叫作威胁。所以，风险管理在现实生活中往往叫作危机管理。"见朱笑笑一副若有所思的神情，张驰接着说道，"风险的最大特点就是随时在变，它像一枚不断旋转的硬币，机会面和威胁面随时可能颠倒过来。比如，股价波动对于不炒股的人而言不是风险；对于手中持有股票的人而言，股价涨跌分别意味着机会和威胁；而对于手中无股、想买股票的人而言，其意味则刚好相反。因此，风险管理的目的就是机会最大化，威胁最小化，简称趋利避害。"

朱笑笑问道："那么，该如何管理项目风险呢？"

"由于风险是还没发生的不确定事件，所以与项目的其他方面不同，项目风险管理更强调防患于未然，其管理方法及成果主要集中在

事先规划上，即制订《项目风险管理计划》和《风险应对计划》。前者是想怎么管整个项目的风险，后者是想怎么管某个项目的具体风险。咱们先来看看前边儿这个……"说着，张弛找出培训资料里的《项目风险管理》部分，指着《项目风险管理计划》说，"你看看，这是它的主要内容：干系人的风险承受力及风险允差、风险管理流程及相关角色与职责、可能采用的风险管理工具、风险类别、对风险概率和影响的定义及概率—影响矩阵、风险预算及其使用办法、与风险管理相关的沟通机制等。"

"干系人的风险承受力是什么意思？"

"很简单，就是他们面对风险的态度。比如，从财务管理的角度看，现金流就像血液一样维系着组织的生命安全，失血过多时组织就会破产，因而大部分组织在财务管理方面遵循稳健原则，其行动也就相对会保守。但是，风险投资企业恰恰相反，哪里风险高就往哪里投资，因为风险的背后就是利润。"

"了然！那风险允差又是什么？"

"'允差'是允许偏差的意思，也就是最高不能超过多少，最低不能低于多少。通俗地讲，风险允差就是干系人对风险的耐受程度。既然不同干系人的风险承受力不同，他们的风险允差也就不一样了。"

"《项目风险管理计划》为什么要包含风险类别呢？"

"提前给出风险类别，有助于干系人更有效地执行后续的风险规划行动。换句话说，风险分类可以帮助他们在风险识别的时候有个依据。"

"那该怎么对风险进行分类呢？"朱笑笑忽闪着大眼睛问。

"这可没有一定之规。我给你找点资料看看哈。"张弛施展出他的看家本领，片刻之间就从网上搜出了许多和风险分类相关的文章。

"这也太复杂啦！"朱笑笑没看几眼，就感到头晕眼花。

第 11 章 规划风险管理——无论做什么事，总伴随风险

张驰笑了笑："资料虽多，但也只是个参照。其实，风险可以从许多角度分类，我听说的最有趣的一种分类方式是已知—已知风险、已知—未知风险和未知—未知风险。"

朱笑笑的嘴张得老大："风险不是不确定的嘛，怎么可能已知呢？"

"这要从风险三大因素说起。每个风险都包含这三大因素：事件（是什么）、概率（发生的可能性有多大），以及影响（一旦发生，将为项目带来多大程度的变化）。概率和影响的乘积称为风险期望值，是对风险进行排序的依据。所谓的已知风险，就是三大因素都可预知的风险。比如死亡，对于每个人而言，其概率都是百分之百，影响也可估算，这就属于已知风险。"

"三大因素都知道了，还能叫风险吗？"

"叫啊，因为我们不能确知死亡发生的时间和方式啊！"

"原来如此！那什么是已知—未知风险呢？"

"就是可以预知事件，但不能预知概率和影响的风险。比如，疾病对我们的健康而言是种威胁，不同疾病的特点不同，我们的管理策略也不一样。像感冒这样高概率低影响的风险，我们更多采用加强锻炼、及时增减衣服等方式应对；而像癌症这样低概率高影响的风险，我们最好采用改变不良嗜好、定期体检等方式进行管理。"

"这么说来，那未知—未知风险就是什么都不可预知呗？"

张驰夸张地拍拍朱笑笑的头："对啦！用通俗的话来说，未知风险其实就是做梦都想不到的事。制订了相应的预案——这也算是该风险事件带来的一点儿'机会'吧！"

朱笑笑得意地摇晃着脑袋，一回头又看到了桌上的《项目风险管理计划》，指着"对风险概率和影响的定义及概率—影响矩阵"那条问："这又是什么？"

"概率—影响矩阵，是对风险进行定性评估的主要工具。它通过对

风险的概率和影响分别赋权，计算出风险期望值，并据此对风险进行排序。比如，"他把培训资料往后翻了几页，指着一张表（见表11-1）说，"你看，这个矩阵的两个维度分别是概率和影响，中间就是二者相乘得到的期望值。所有大于或等于0.18的区域被标为黑色，意味着这些都是高风险，大于或等于0.06、小于0.18的灰色区域代表中等风险，而小于0.06的白色区域就是低风险。"

表 11-1 概率—影响矩阵

影响（I）概率（P）	\\ 威胁 \\ \\ \\ \\	机会 \\ \\ \\ \\ \\
	0.05	0.10	0.20	0.40	0.80	0.80	0.40	0.20	0.10	0.05
0.9	0.045	0.09	0.18	0.36	0.72	0.72	0.36	0.18	0.09	0.045
0.7	0.035	0.07	0.14	0.28	0.56	0.56	0.28	0.14	0.07	0.035
0.5	0.025	0.05	0.10	0.20	0.40	0.40	0.20	0.10	0.05	0.025
0.3	0.015	0.03	0.06	0.12	0.24	0.24	0.12	0.06	0.03	0.015
0.1	0.005	0.01	0.02	0.04	0.08	0.08	0.04	0.02	0.01	0.005

"概率好说，可影响这个维度的数值是怎么来的呢？"

"好问题！在使用概率—影响矩阵时，必须先对如何赋权进行统一规定，才能避免偏见。这个规定就叫作对风险概率和影响的定义。你看这个表（见表11-2）。"

表 11-2 对风险概率和影响的定义

影响权值	非常低（0.05）	低（0.1）	中（0.2）	高（0.4）	非常高（0.8）
成本	不明显的成本增加	成本增加小于5%	成本增加5%~10%	成本增加10%~20%	成本增加大于20%

（续表）

影响权值	非常低（0.05）	低（0.1）	中（0.2）	高（0.4）	非常高（0.8）
进度	不明显的进度拖延	进度拖延小于5%	项目整体进度拖延5%～10%	项目整体进度拖延10%～20%	项目整体进度拖延大于20%
范围	范围减少几乎察觉不到	范围的次要部分受到影响	范围的主要部分受到影响	范围的减少不被业主接受	项目最终产品实际上没有
质量	质量等级降低几乎察觉不到	只有某些非常苛求工作受到影响	质量的降低需要得到业主批准	质量降低不被业主接受	项目最终产品实际上不能使用

"也就是说，如果某风险事件发生了之后，项目成本没什么明显变化的话，其影响权值就是 0.05；如果这个风险会引起成本 5%～10% 的增加，则它的影响权值为 0.2，对吧？"

张驰做拜服状，无声地肯定了朱笑笑的聪明。

走钢丝

02 风险识别与评估——唐太宗的三面镜子

"糊儿啊,说了半天,咱们还没好好讨论讨论怎么管理你的年会项目的风险呢。"

一提起这个,朱笑笑忍不住抱怨起来:"其实人家挺专业的,就是碰到了像安为善这样死爱面子又好较真儿的人了。二三十人一天的培训就这样,我几百号人两天的年会,不一定得出什么岔子呢!"

张驰见不得朱笑笑愁眉苦脸的样子,赶紧宽慰道:"虽然说项目一定会碰到风险,但咱们可以控制风险哪。"

"怎么控制呢?"

"咱们可以在《项目风险管理计划》的指导下,事先就把风险尽可能地识别出来,然后各个击破。"张驰做了个举枪瞄准的动作。

"那又该怎么风险识别呢?"

"咱们向唐太宗借他的三面镜子呀!"

"啊?"见朱笑笑一脸茫然,张驰正襟危坐,模仿评书大师单田芳的嗓音娓娓道来,"唐太宗李世民器重魏徵的正直,任命他做谏议大夫(负责向朝廷提意见的官员)。魏徵在贞观年间先后上疏二百余条,强调'兼听则明,偏信则暗',对唐太宗开创千古称颂的贞观之治起到了非常重要的作用。魏徵病逝之后,唐太宗对身边的大臣们说:'夫以铜为镜,可以正衣冠;以古为镜,可以知兴替;以人为镜,可以明得失。朕常保此三镜,以防己过。今魏徵殂逝,遂亡一镜矣!'"

"想起来了,想起来了,我们上学时学过!"朱笑笑抢着说。

"那你翻译一下试试?"

朱笑笑清了清嗓子:"以铜为镜子,可以修正服饰;以历史为镜子,可以知道国家兴亡的原因;以人为镜子,可以了解做事的对错。我一直保存这三面镜子,来防止自己犯错。现在魏徵去世了,一面镜子就没了！"见张驰拍手，她又问道，"可这和风险识别有什么关系呢？"

"风险识别本身就是由干系人共同对相关信息进行收集和分析的过程，并且主要的信息来源就是过去的经验教训和当前项目的文档资料，如风险类别、风险检查单、风险分解结构……"

"风险分解结构又是什么？"

"这是 Risk Breakdown Structure 的中文译名，简称 RBS。它是帮助项目管理团队分析项目风险事件的一种工具，就像工作分解结构一样，是通过对项目风险进行逐层分解得到的。"

"哦。应该由谁来进行风险识别呢？"

"要想系统地确定会有哪些不确定事件将对项目产生影响，就应鼓励全体项目团队成员，甚至邀请干系人参与风险识别工作。而这也能创造并维持团队成员对风险及其应对措施的主人翁感。"

"该怎么风险识别呢？"

"除了查看相关信息外，基本上只有专题讨论这一种方式。会上可以使用多种工具，如头脑风暴法、假设分析法、因果分析图、思维导图等。"

"该在什么时候进行风险识别呢？"

"由于风险会变化，所以越早开展这项活动越好。此外，风险识别是个反复进行的过程，反复的频率及每一轮的参与者因具体情况而异。每反复一次，就要更新一次风险清单。为了确保可以把项目中的每个风险事件与其他事件进行比较，应该注意采用统一的格式对风险进行明确、清晰的描述。比如，除了事件外，应明确记录每个风险的诱因和临界值。"

"什么是诱因？"

"风险诱因，又称'触发因素'，是表明风险即将或已经发生的迹象，用通俗的话说，就是警铃。它本身并不是风险，而是引发风险的某件事或某种情况。"

"临界值又是什么呢？"

"这个术语的英文是 threshold，也译为'阈值'，是指对成本、时间、质量、技术或资源价值等的限定参数，或经一致同意的、可允许的偏差区间，即事物由量变到质变的拐点。"

"这和风险管理有什么关系呢？"

"在实际管理风险的时候，需要先分析临界值，并据此设置触发因素，然后通过监控相应的触发因素，判断风险是否即将或已经发生，从而启动相应的应急预案。比如，冬天取暖时需要烧锅炉，当锅炉内部的温度和压力超过一定限度时就会爆炸，这对我们而言是威胁，因而，我们需要采取一些措施，使爆炸情况不发生。首先，我们要设置警铃。根据操作手册可知，锅炉内部温度达到 1000℃时将爆炸，则我们需要保证不要超过这个限度。能不能派专人 24 小时观测温度表呢？这很不经济，因而，我们需要设立若干级别的预警机制：当锅炉内部温度达到 700℃的时候，有红灯闪烁——但不一定有人看见；温度达到 800℃时，警铃会响起——因为声音传播的距离更远，但也不一定有人听见；等温度达到了 850℃时，自动泄压——但不一定来得及；到了 900℃时，自动向消防局报警。可见，人们需要通过设置若干级别的临界值，启动相应的触发因素，从而持续有效地预报和管理风险。整个过程如下图（见图 11-1）所示。"

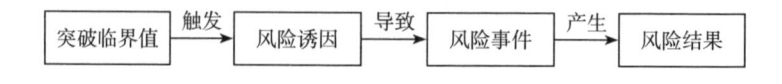

突破临界值 —触发→ 风险诱因 —导致→ 风险事件 —产生→ 风险结果

图 11-1　风险的触发过程

"费这么大劲儿，列个风险清单就行了？"朱笑笑又开始表现出她最大的弱点之———容易倦怠。

张驰在第一时间捕捉到这个微妙的变化，忙不迭地把她往回拉："哪有这么简单！咱们这不刚刚说到风险识别嘛，之后还得定性、定量评估，并且针对具体的风险事件制订……"

"风险应对计划，对吧？"朱笑笑抢着说了出来。

"回答正确，加10分！"见把朱笑笑逗乐了，张驰接着说，"风险评估包括定性评估和定量评估两种形式。定性评估是在主观上对概率和影响进行赋权，而定量评估则是用具体的数值进行计算。在实践中，这两种评估也可以同时进行。"

"风险评估也和风险识别一样，要贯穿项目始终吗？"

"是的！反复评估风险，才能了解风险的发展趋势，提示增减风险管理措施的必要性。需要注意的是，为保证可信度，还需要评估与风险相关的信息质量，保证它们是准确的。"

"会有哪些不准确的信息呢？"

"主要是一些偏见，如项目干系人的态度、专家的偏见等。此外，风险事件在时间方面的紧迫性，也可能会从心理上放大其重要性。"

"具体该怎样评估风险呢？"

"风险评估有很多工具可用，如预期货币值分析、决策树、模拟等。"看见朱笑笑一副畏难的神色，张驰挥了挥手，"不过，年会项目的风险没有那么复杂，你也用不着那些专业工具，概率—影响矩阵就足够了。"

知识链接

◎ 项目风险那么多，怎么保证没有遗漏呢？

一方面，需要及时沟通；另一方面，需要及时总结经验，建立组织的风险管理经验库。这里，为项目提供一个普遍意义上的项目风险列表（见表11-3），可以作为项目风险清单的雏形。

表11-3 项目风险列表

类别	具体风险	类别	具体风险
远见	缺乏清晰的远见，导致目标设计很糟糕，项目范围多变不定； 缺乏关注核心功能，主次不分	技术	规模不合适； 糟糕的性能； 没有系统管理； 设备不及时或不合适； 相关项目交付不及时
组织	缺乏管理支持； 管理层对项目的决心不明确； 管理层缺乏有效沟通； 缺乏领导； 缺乏方向和目标； 缺乏改革和重组的决心； 管理层未让用户参与； 最终用户群的作用不明确； 管理层不知道如何保留项目成员	人员	缺乏认可； 不适当的激励机制； 员工在项目完成前跳槽； 员工消极和不热情； 人员保留和项目连续性问题； 非常紧张的环境； 过度疲劳； 非技术人员进行技术决策
资源	关键用户在预定时间缺场； 缺乏硬件资源； 预算太紧； 人员不够； 缺乏完成任务所需的技巧； 缺乏培训及培训预算	沟通	限制信息沟通； 用户或管理层未被通知； 决策未告知所有相关干系人； 缺乏沟通技巧； 对人们正在做的事情缺乏细心关照
项目管理	不切实际的规划，通常是太冒进； 没有清晰的目标、任务和措施； 范围漂移； 不同的项目有不同的预算； 任用错误的人进行项目管理； 缺乏项目管理技巧； 没有解决问题的过程； 缺乏变革管理过程； 角色和责任不清晰，以至于很难找到特定活动的责任人和决策人员	咨询顾问	没有足够的咨询顾问； 过分依赖咨询顾问； 缺乏对员工的知识传授； 咨询顾问经验不足； 缺乏团队工作； 目标不一致
		其他	内部问题和行政问题； 对改革支持不够； 对项目抵制； 缺乏组织改革的积极战略； 缺乏对改革的沟通； 用户对改革无准备或未受培训

第 11 章 规划风险管理——无论做什么事，总伴随风险

风险清单

03 风险应对计划——大事化小，小事化了

"项目的风险这么多，怎么管？"朱笑笑托着腮，愁得脸上都能滴下水来。

张驰被她的表情逗得哈哈大笑："事情要一件件地做，急是没用的。你对各个风险进行分析后，它们不就排好队了嘛，然后针对靠前的制订应对计划啊！"

"为什么只针对靠前的风险做计划呢？"

"因为那些是大风险，会对项目产生较大影响的风险；靠后的则是相对影响较小的风险。"

"你的意思是，只需要对大风险做计划，小风险就不用管了？"

"不是。应对风险是需要耗费资源的，你的项目有充足的资金专门用来管理风险吗？"

"那怎么可能？！老板都希望花钱越少越好。"朱笑笑想起李鄂生在经理办公会上的表情，觉得特别泄气。

"是啊,节约成本是每一个员工的责任嘛。所以,好钢要用在刀刃上。"张驰举起右手晃了晃,"而在风险管理方面,大风险就是刀刃!"

"可风险不是会变吗,要是小风险变成了大风险呢?"

"你说得太对啦!"张驰时刻牢记着要"抓住一切机会夸奖老婆"这一原则,"所以风险管理要贯穿项目始终啊,既包括风险识别、分析,也包括计划、监控……"

"你是说,先管大头儿,等小风险变成大风险再说?"

"这么说不全面。风险管理的核心,是主动管理变化,所以,重点是要监测趋势。这次针对大风险制订应对计划了,下次得重新对既有及新识别出来的风险进行再次评估,那时,原来的小风险可能变大了,而某些大风险也可能变小了……"

"大事化小,小事化了……"朱笑笑歪着头说。

"在应对风险方面,这就是最理想的结果啦!"张驰笑了,他偷偷看了一眼正在调整身体的朱笑笑,用老师给学生们上课时的专用口吻说,"通过风险识别和评估,我们已经找出了哪些风险事件将具有较高的期望值,从而可以进行下一步规划,即制订风险应对计划——针对各个具体的风险事件的应对措施。"

朱笑笑紧皱着双眉嘟着嘴问:"那岂不是说每个大风险都应该制订一个风险应对计划吗?"

"聪明莫如我老婆!"张驰先是肯定了一下朱笑笑(对待身边这个小女人,张驰一贯采用这种先扬后抑的策略),见朱笑笑脸上稍有那么一点儿的得意之色,方才正色道,"但不完全正确。首先,考虑到干系人的风险态度和承受力,可能需要把较大的甚至中型的风险都考虑进来——哪些需要制订应对计划,在干系人之间达成一致意见;其次,风险的特点随时在变,所以针对每个风险,都应该有多套应对方案。"

"啊?!那成本岂不是太高啦?"朱笑笑想着财务总监那张沉如死

第 11 章 规划风险管理——无论做什么事，总伴随风险

水的脸就觉得一脑门子官司。

张驰见状有些不忍，但转念一想，依着朱笑笑那股子偏向虎山行的彪悍劲儿，应该还是可以应付的，于是并不安慰，反而加重了语气："这是必须付出的代价！你不可能期待有一套方案可以应对两个及以上的风险事件。比如，对于在写字楼上班的员工来说，火灾和地震都是风险，然而这两类风险发生时，逃生路线都是不一样的。因此，千万不要幻想能制订出一套放之四海而皆准的应对措施。此外，我们也应在成本效益最优的基础上，选择最有效的风险应对策略组合，包括主要策略和备用策略。"

见朱笑笑一脸愁云，夸张地噘着一张小嘴呆愣着，张驰还是心软了，不禁搂住朱笑笑的肩膀安慰道："发愁是没有用的！来来来，老婆，我教你一套风险应对策略！"

朱笑笑一个小粉拳结结实实地打在了张驰的胸膛上："怎么不早说！"

张驰在培训资料里翻了翻，指着一幅图（见图 11-2）说："你看，这就是风险应对策略，一共七种。首先来看看回避。俗话说'与其亡羊补牢，未若未雨绸缪'，努力使风险事件不发生，或者即使发生了也不对项目产生影响——使风险的期望值等于零，这就是回避或规避。

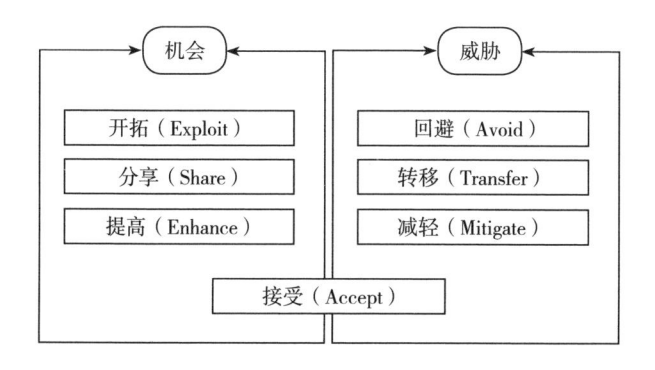

图 11-2　风险的七种应对策略

具体到项目里，有很多种方式回避风险，比如，改变受到威胁的项目目标、减少项目范围、放弃有风险的项目施工方案、避免使用没有把握的技术等。"

朱笑笑有点不明白了："风险要是都能回避，还要什么项目管理呀？"

"你说得对，但不是所有风险都能回避，因此还需要使用其他风险应对策略。第二种叫'转移'，即把威胁的后果连同应对责任一起转移给第三方。转移策略意味着你需要向风险承担者支付风险成本。并且，你转移出去的既包括风险事件的影响，也包括对风险进行应对的权利，即当该威胁变成机会时，也不再是你的机会。"

"转移和回避到底有什么区别呢？"

"转移这种策略只是将管理风险的责任转移给另一方，并不能消除风险本身。并且，会造成成本增加，如买保险、外包某些工作等。"见朱笑笑没提什么问题，张驰继续说道，"而减轻策略，则是设法把风险发生的概率和影响降低到可接受的范围内。可以采用的措施有：采用更简单的流程、实施更多测试、选用较稳定的供应商、原型开发等。需要注意的是，对照风险期望值，减轻的成本应是合理的。"

"回避、转移、减轻，都是应对威胁的策略，你怎么不提应对机会的策略呢？"

"那是因为，从心理学方面看，人们避害的需求要远高于趋利的需求啊。"张驰笑着说，"在实际工作中，为了预防风险事件对项目产生不利影响，项目团队也往往会更加关注具有威胁性质的风险，如进度拖期、成本超支、人员变动、资金缺乏或不到位、质量事故、人身伤亡、订单转移、供货不及时或不符合要求、顾客要求中途变更、外界条件发生变化、政策影响等，并制订相应的应对措施。"

"但毕竟还是有机会呀……"朱笑笑穷追不舍。

"别急别急，我这不就该说这块儿了嘛。应对积极风险的策略主要包括开拓、分享和提高。开拓旨在消除与某个特定积极风险相关的不确定性，确保机会肯定出现；分享旨在应对机会的部分或全部责任分配给最能为项目利益抓住该机会的第三方，以充分利用机会，使各方都从中受益；提高旨在提高机会的发生概率和积极影响。而无论是机会还是威胁，都可能采用接受策略……"

"啊?！风险能接受吗？"朱笑笑像看见外星人一样瞪大了双眼。

"当然可以。所谓接受，其实就是不为处理风险而变更《项目管理计划》。"

"也就是说，除接受外，其他策略都会变更《项目管理计划》吗？"

"是的！为了应对风险，我们可能会调整工期和资源、签订保险与外包合同等，并且还将分配相应的风险预算，这就是我曾经向你提到过的储备。"

"哦，我想起来了。那为什么要采用接受策略呢？"

"主要有两大原因：一是该风险事件的期望值比较小，不值得单独制订《风险应对计划》；二是原先未识别出来的风险事件发生了，此时可以实施权变措施，也就是'兵来将挡，水来土掩'。"

知识链接

◎ 项目需要哪些储备？

储备是为减轻风险而在项目管理计划中所设的一种准备。它分为以下两种：

一是应急储备，指为把无法达成项目目标的风险降低到组织可接受的程度，而在估算的基础上所增加的资金、预算或时间量。应急储备应对的是已知—已知风险，是项目成本基线的一部分。随着项目信息越来越明确，可以动用、减少或取消应急储备。

二是管理储备，应对的是未知—未知风险。它不是项目成本基线的一部分，但包含在项目总预算中。项目经理对管理储备没有使用权，要在使用时向上级报批。

◎ **除策略、责任人、储备外，《风险应对计划》还有哪些内容？**

它还包括弹回计划。当所选择的风险管理策略和方案并不完全奏效时，应允许项目"恢复原状"。弹回计划包括研发备用方案和变更项目范围等。而弹回计划的实施可能需要调配额外资源，包括分配应急储备。

无论包含什么内容，《风险应对计划》都必须与该风险的重要程度相匹配，能经济有效地应对挑战，现实可行，由一个专人负责、得到干系人的认同。

当然，对于一些非常简单的项目，没必要写详细的《风险应对计划》，只要对相关的风险做到心中有数就可以了，然后根据具体情况去管理和控制风险。以红烧肉项目为例，其风险和应对策略如表11-4所示。

表11-4　红烧肉项目风险清单和应对策略

风险事件	应对策略			
	规避	转移	减轻	接受
张弛或朱笑笑突然出差，红烧肉做不成了	√			
含油量太大，破坏了减肥计划			√	
做得太咸，影响健康			√	√
有人说不好吃				√
有人要求分享制作秘诀		√		
……				

第 12 章

管理变更——计划不是一成不变的

01 变更时机与流程——变化是项目常态

"Julia，考虑到参加年会的人数比较多，还是不要采用拓展训练的方式了，你直接找一两个培训师，我们做室内培训课。"

"为什么？"虽然多少有些心理准备，但朱笑笑没想到，梅胜男一下子就把拓展培训这种形式给毙了。

"安全是不可触碰的底线！"梅胜男加重了语气。

肯定是安老头儿告状了！朱笑笑心里这个窝火啊。虽然培训公司确实有疏忽之处，但是也不能说安老头儿完全没有问题呀，怎么能把责任全算到别人头上呢？她还想做最后的争辩："我认为拓展训练的安全是完全没问题的，绝大多数人都非常喜欢……"

"这个问题不要再讨论了。时间紧迫，你赶紧和培训师联络吧。如果有困难，可以让 Andy（安为善的英文名）帮你。就这样吧。Julia，你留一下。"

安为善刚把门关上，朱笑笑就迫不及待地问："梅总，这到底是为什么？"

梅胜男沉吟了一下说："你联系的那个人姓朱，是吧？"

"是啊，怎么啦？"朱笑笑突然反应过来，不会说我和他……这也太无聊了吧！她一时不知道该说什么。

梅胜男笑了笑，轻声说："我知道这纯粹是个巧合，但还是避讳些好，何况课程中也确实出现了瑕疵。"她伸出手制止了朱笑笑明显想要辩解的动作，"现在最重要的问题是，把年会项目筹办好。对了，有一件事还没来得及告诉你，李总刚才跟我说，年会项目要提前到2月的第一个周末。"

"啊？不是定了2月18日吗？"朱笑笑一下子从椅子上蹦了起来，"这才是上周五的事儿啊！"

"不变就不叫项目了。"梅胜男淡淡地说，"而是否能灵活有效地应对变更，才是对项目经理能力的真正考验！"

"可这、这、这变得也太快太突然了！一下子提前了两周时间！谁说的啊，咋能想变就变呢？"朱笑笑使劲儿咬着嘴唇，才把"坑爹啊！我可怎么办啊"这句话生生咽了回去。

梅胜男直视着朱笑笑的眼睛："不管是谁说的，你已经得到了正式通知。你现在要做的，不是坐在这儿惊惶失措、怨天尤人，而是马上制订措施，并立即去做！立刻，现在，马上！"

听完朱笑笑的抱怨（其实更像是哭诉），张丽娜微笑着说："没办法，这就是项目的常态呀。你想，这个世界哪儿有静止不动的时候啊，万事万物都在不断的变化之中，我们只能随机应变啊！"

"难道老总就可以随意变更吗？"朱笑笑还是觉得很委屈。

张丽娜偏过头，盯着朱笑笑，一脸严肃地说："老总的职责是审批变更，所以，坏消息往往是从老总嘴里说出来的，但这并不意味着他故意要你难看。"见朱笑笑脸上露出尴尬的神色，张丽娜颇有些不忍心，便缓和了语气，"许多人都希望制订了计划之后，就可以顺风顺水地执行了，这是非常幼稚的想法。既然项目是独特的、临时的，怎么可能不变呢？何况，有些变更对项目是有益的。比如，出现了可以大幅提高工作效率的新技术，这时，我们更需要积极主动地变更。古人云'世易时移，变法宜矣'，就是这个意思啊！"

"那应该怎么变呢？"朱笑笑低着头，红着脸问。

"从某种角度来讲，变更本身也是种风险，所以可以采用项目风险管理的原则、流程、方法和工具。此外，在变更管理方面特别强调流程。"

"咱们的ISO9000文件里好像就有很多流程……"朱笑笑觉得自己想到了什么，可模模糊糊的，怎么也抓不住。

张丽娜点了点头："你终于说到点子上了！流程就是产生结果的一系列活动，如果不按照既定流程办，很可能会跑偏。咱们公司的ISO9000文件里确实有很多流程，其实不少也涉及变更这一块，像采购、设计等，但还没有项目变更控制流程。我们可以把文件里那些与变更相关的内容摘出来，整理成项目变更管控文件。"

原来如此！朱笑笑明白了，怪不得觉得既熟悉又陌生，原来自己从没往这方面想过。

"那项目变更控制流程大概什么样呢？"

张丽娜伸出手指："大概分这么几个步骤：第一步，提交变更请求。任何干系人都可以提出变更请求，但必须以书面形式记录下来。变更请求应该包括变更的原因及相关资料、拟采取的措施及责任人、可能会对项目带来哪些影响等内容。第二步，每一项变更请求都必须由项目管理团队进行评估。需要考虑的事项主要包括评估变更是否有必要、是否可行、对项目有什么影响及能否接受；做合同外的事项时，要签订免责条款（目的是控制客户不断膨胀的欲望），可在交付后提供备忘录；如果认为变更请求可行但超出了项目范围，那么批准该项变更就需进行相应的基线变更；如果认为变更请求不可行，则否决该项变更请求，并将其退回请求方，以便请求方补充信息。第三步，按照预先定义的权力层次来审批变更。一般来说，项目经理有权批准项目基线内的变更请求，而基线外的变更应该由变更控制委员会（Change Control Board，CCB）审批。如果项目是按合同来实施的，那么按照合同要求，某些变更请求还需经客户批准。"

"等一下！"朱笑笑忍不住打断了她，"变更控制委员会是什么呀？"

"它是由项目干系人正式组成的团体，职责是负责审议、评价、批准、推迟或否决项目的变更。"

"哦，了然！那下一步呢？"

"第四步，实施变更方案，监控所有变更的过程，测评其结果并与预期进行对比，同时记录相关的经验教训。"

"哦。道理不难理解，不过还是挺麻烦的。咱能不能不批准变更呢？"

张丽娜点了点她的额头："计划赶不上变化嘛。我们做项目的，必须习惯这种不确定的状态呀。"

02 基线与允差——目标值要模糊一点儿

朱笑笑是个很不喜欢不确定状态的人，多年的传统教育经历，使得她更习惯在明确的指令、基本完备的资源条件下做事，这种一切都在变化的氛围让她多少有些无所适从。她皱着眉头问："可是项目目标必须清楚，任务也是必须清晰的呀，总不能说因为外界条件变化了，我的项目就跟着瞎变吧？"

张丽娜故作神秘地眨眨眼："你说得对，项目当然不能瞎变，但也不能不变。"

第 12 章　管理变更——计划不是一成不变的

朱笑笑有点儿不耐烦："那到底是变还是不变呢？"

"变是肯定要变的。"张丽娜伸出纤长的手指摇了摇，"你也知道，摩天大楼之所以不倒，并不是因为它坚固异常，而是越到高层，它左右摆动的幅度就越大——在动态中才能寻求平衡。"

"真的吗？"朱笑笑第一次听说，原来摇摇晃晃的东西反而更结实。

"当然，其实，变与不变是相对的。比如——"张丽娜走到白板前，在白板右上角画了一个小红点，在左下角画了一个小人儿，"这是你，而那是你的目标。"

朱笑笑在心里撇了撇嘴："我？我哪儿有那么丑！"

"假设你是个士兵，你的任务是命中 50 米之外的这个目标。它有五角硬币那么大，你的把握有多大？"

"别说 50 米，5 米我都打不中！"

"那么，如果它有脸盆那么大呢？"

"那……也许……"

张丽娜在那个红点周围画了许多同心圆："这就是我们为什么要画靶子。神枪手可能十发子弹有八九发打中十环，而我们普通士兵，能命中靶子就行了。"

朱笑笑歪着头："你说的我都明白，可……这和项目有什么关系？"

张丽娜摆了个非常帅的姿势："做项目就像打靶，你和目标之间有非常远的距离，要想命中这个目标，你不仅要检查你的枪械是否正常，还要保证你自己拥有良好的状态，而且千万记住，要瞄准后再射击。瞄准的过程就是一个修正的过程，偏左了就往右转转枪口，反之亦然。最最重要的是，你如果不是神枪手，而你的任务又是命中目标，那你就要找个大一点儿的目标来打。"

朱笑笑更加迷惑了："你的意思是说，我应该把项目目标定得大一点儿？"

张丽娜指着靶子说："不是目标定得大一点儿，而是目标值要定得模糊一点儿。比如，项目预算为100万±5万元，不变的是这个靶心——100万元，变的是这些增减的部分。这样，只要你的成本最终控制在这个区域里，你的目标就达到了。"

"啊？！项目的目标可以不是一个固定值吗？"朱笑笑一下子蒙了。

看见朱笑笑的怪表情，张丽娜笑了："通常，人们会有一个严重的误区，认为符合计划就是正中靶心。这相当于要求每个项目经理都是神枪手，但可能吗？所以，为测评项目的整体绩效并有效控制变更，我们需要预先定义基线，以确定实际绩效是否在可接受的偏差临界值内。"

"嗯？临界值不是属于风险管理范畴吗？"朱笑笑双手抱在胸前，充满疑惑地问。

"你只知其一，不知其二。风险是对项目产生影响的不确定事件，它不仅指产品，更指整个项目。试想一下，如果项目的进度超期、成本超支，是不是风险？"

"你的意思是说……项目目标应该包括临界值？"朱笑笑似乎明白了一点儿。

"很好！"张丽娜打了一个响指，接着说，"项目主要有范围、进度和成本三大基线，这三者常常合称绩效测量基线。因此，对项目目标更为精确的表述应该是，花多少到多少单位的时间、多少到多少单位的成本，交付满足什么到什么之间的质量指标的可交付成果。"

"可这和变更管理又有什么关系呢？"

"无论是哪种基线，它其实都是由三条线组成的：中间的目标值（或理想值），上、下临界值。在上、下临界值之间的这个区域则叫允差。凡是落在界内的就是合格的；一旦越过临界值，就应采取某种行动（如提交例外报告）。而风险临界值有助于识别需要特定应对措施的风险！"

"哦，了然！"朱笑笑咧开嘴笑得很开心。

张丽娜偷偷做了个抹汗的动作——终于把这块榆木疙瘩给修理得差不多了！

耐心是有限度的

03 项目约束条件——多快好省要不得

"不过，"朱笑笑歪着脑袋说，"我不会花超支的，公司对预算控制得那么严，我肯定会给公司省钱的。所以，那个允差不需要向上浮动啊。"

张丽娜摇摇头，露出"孺子不可教"的神色："你以为省钱是好事儿吗？俗话说'一分钱一分货'，价格便宜了，质量肯定会打折扣。"见朱笑笑不吱声，明显没被说服，她又加重了语气，"不光是钱，时间也是不能轻易省的。最近这几年，为了赶工期而出质量事故的事儿还少吗？"

朱笑笑想起在电视上看到的那些惨烈画面，感觉不寒而栗："那么，到底哪些是可以变的，哪些是不能变的呢？"

张丽娜在白板上又写又画："变与不变其实是个相对的概念。和时间、成本等指标比，项目必须产生的预期结果或效果是不变的；和核心指标比，非核心的指标是可以变的。"

"指标还有核心与非核心的区别？"

"当然啦！在人力资源管理领域，有所谓的关键绩效指标——KPI这一术语，而项目的KPI主要有时间、成本和质量三条。你觉得这三条哪个更重要？"见朱笑笑沉思不语，张丽娜自己接着说道，"很难抉择，对不对？但是项目不同，这三大KPI确实要有个排序。任何一个项目，必须在这三大KPI之间寻求一个动态的平衡，多快好省地完成项目压根儿就是幼稚的幻想！"

朱笑笑听得有点儿喘不过气来："啊？！'多快好省'这个词我可听我老爸说过很多次呢，我一直以为做事就应该这样……"

张丽娜眉梢轻挑："怎么可能？你想想，干得又多又好，时间少，成本还低，世界上哪会有这样的好事儿？"

朱笑笑歪头想了想，果真不现实！"那……那该怎么办呢？"

张丽娜在白板上画了个三角形，说："这是项目的三大KPI，它们不是孤立的存在，而是相互影响的。比如，在质量不变的前提下，想要压缩进度，该怎么办？"

朱笑笑如梦初醒："当然得追加成本啦！无论是增加设备、人手，还是加班，实际上都是成本的增加。"

"那有没有可能增加很多很多成本，把进度压缩到一个非常小的比例，比如20%呢？"

"那还不容易，我把人员规模扩大到原来的五倍不就行了嘛！"朱笑笑很为自己虽然是文科出身，可对数字相当敏感而得意。不料张丽娜却投来非常不屑的目光。

"喊！你以为项目管理像四则运算那样儿简单吗？首先，人多了，沟通必然要复杂得多；其次，新派来的人对项目一无所知，所以原来的项目人员必须额外腾出时间来做介绍；第三，需要根据人员技能重新分配任务,这也需要时间;等等。所以有经验的人都知道,并不是人越多越好,新加入的人太多,反而会使效率下降——至少在他们刚刚加入项目团队时是如此。"

"啊!"朱笑笑从来没从这个角度想过,听张丽娜一说,顿时觉得自己真是太幼稚了。

似乎没看到朱笑笑郁闷的表情,张丽娜接着说:"此外,俗话说'一口吃不出个胖子',做项目更是如此。除非是像搬砖那样儿的几乎没什么技术含量的工作,否则绝大多数项目任务都有其客观的发展规律,是根本无法压缩的。"

朱笑笑猛然想起,有个专业术语就是和客观规律相关的,可怎么也想不起具体叫什么:"啊,那不就是……啊,强……硬……依赖什么的?"

"强制性依赖关系,又称硬逻辑关系。既然有这种关系存在,项目进度怎么可能随意压缩?"张丽娜点了点三角形上表示时间的那条边,又指向表示成本的边,"成本的增减其实也是有限度的,超出这个限度,必然会对质量产生影响!"

朱笑笑的眉头皱成了一个大疙瘩:"那这个图岂不成了任意三角形?除了告诉我们时间、成本、质量三大KPI是相互影响的之外,它还有什么意义呢?"

张丽娜笑了:"好问题!三大KPI可以说是项目的三大约束条件,它们确实是相互制约的、牵一发而动全身的关系。但是,它们的变化也有前提,否则这个任意三角形的意义就不大了。"

"那它们变化的前提是什么呢?"

张丽娜在三角形里画了很多平行的线(见图12-1),朱笑笑疑惑地看着,皱着眉头问:"你画的是三角形的……面积?"张丽娜拿白板笔重重地在三角形中间点了一下:"对啰!"

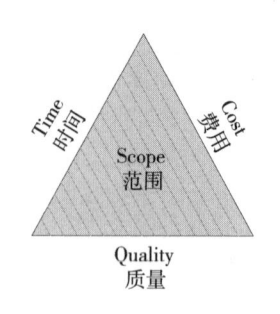

图 12-1　项目的三大 KPI

朱笑笑觉得好玩儿极了："蒙对了呀！……那这个面积是什么呢？"

张丽娜歪着头说："这个图恰恰说明了多快好省要不得。你自己想想看吧！"

"时间、成本、质量分别对应着'快''省''好'，还剩下'多'。这个三角形面积代表的就是——范围。"

张丽娜笑得很开心："对啦！这张图是项目管理学科专门用来解释范围的重要性的，也正是基于这张图，范围管理特别强调……"

"不要镀金！"朱笑笑抢先说了出来，兴奋得脸都红了。

知识链接

◎ **如何给三大 KPI 排序？**

这要视项目而异，但应注意，三大 KPI 的变动有时会引起范围的变化。比如，2004 年雅典奥运会开幕前半年的时候，全世界都觉得有点儿悬，因为当时主场馆的建设严重滞后，经过趋势分析发现怎样追加成本也赶不上工期。怎么办？由于奥运会项目必须保证工期，所以只好降低质量要求，同时缩减了范围——雅典奥运会主场馆变更了设计，最后交付的是露天场馆。

权衡

04 项目优化——时间是海绵里的水

看到朱笑笑那么高兴的样子,张丽娜真是不忍心破坏她的好心情,但坏消息还在那儿等着呢:"先别高兴了,现在你该好好想想,怎样把进度压缩两周时间了。"

哦,还有这么个棘手的事儿呢,自己差点儿都给忘了。一想到2月4日就得开年会,朱笑笑的脑袋又沉重起来:"是呀,怎么压缩进度呢?追加成本呗。"

见朱笑笑明显"心不在肝儿"上,张丽娜又好气又好笑:"你想得倒美!梅总允许你增加预算吗?"

朱笑笑想了想,犹豫地说:"她压根儿没提这事儿。可是,那也不代表不行啊。"一想到李鄂生和陆克静开会时的表情和语气,连她自己也觉得没有底气。

张丽娜摇摇头:"算了吧,公司去年效益不佳,不可能允许往年会上大把砸银子的。更何况，没有老总乐见项目经理动不动就要求增加预算的，除非你有非常非常充足的理由。"

"提前两周时间这个理由还不充足吗？"朱笑笑一想到老总随意变更里程碑时间，心里就觉得悲愤。

"项目里程碑时间变化是很正常的事，何况年会这么个简单的项目。"

这还简单哪？！老娘眉毛头发都烧焦好几回啦！朱笑笑心里不忿，嘴上却没敢说出来，反而换了种哀求的语气："成本不能变，那只能降低质量要求？"

"质量要求可不能轻易降低，否则会让干系人不满意的，因为他们原来的期望值在未经同意的情况下降低了。"张丽娜沉声说，她忽然想起什么，"对了，你们梅总还说什么了？"

一句话又戳到了朱笑笑的痛处："她不让做拓展培训了，说不安全，要我找一两个培训师做室内课。"

"你看，你们梅总在帮你省钱呢！"见朱笑笑不明所以的样子，她进一步解释道，"拓展培训是按人头收费的，就算按市场上比较低的价格来算，一人一天 300 元，两百人就是 6 万元呢！如果做室内课，1 万元左右就足够啦！"

"也对，省出来的钱就可以用于紧急预定场地、支付加急费什么的啦！"想到这一层，朱笑笑心里不禁涌起对"梅超风"的一丝感激，却仍然对安为善的暗中作梗无法释怀，而且一想到拓展培训那么有趣的形式被否了，还是觉得怅然若失。

张丽娜指了指墙上的挂钟："我没时间了，你自己继续算吧。切记，变更不一定是坏事，如果你能系统地优化项目计划，就能做出对项目有益的变化。"

朱笑笑自知不能阻拦，更加抓狂："可是今天就已经是 16 日了，五天之后就放长假了。春节七天，回来上班就 29 日啦！"

第12章 管理变更——计划不是一成不变的

张丽娜已经走到门口，转头丢下一句："时间是海绵里的水。做项目经理的，哪里有什么假期。"

啊？！圣诞、元旦还不够，难道我的春节也完蛋了吗？朱笑笑欲哭无泪，瘫坐在墙角，渐暗的天色一口口将她小小的身影吞没……

犹豫半天，朱笑笑终于鼓足勇气，拿起了电话："喂，是朱飞宇吗？"

"朱姐啊！您有什么事儿？"朱飞宇心想，听过我们公开课的人没有不交口称赞的，看样子，也是要找我们合作啦！

"呃……非常不好意思，我们老总说怕不安全，不想进行室外拓展了，我想请你帮我推荐个讲室内课程比较厉害的老师……"拿人手短的朱笑笑实在提不起底气来，尽量温柔地说。

一盆冷水迎头泼来，朱飞宇有点儿着急："拓展培训这种形式的安全性是没有任何问题的，您不是也体验过了吗？"

"是的是的，我这里没有任何问题。不过，课程中间不是出了点儿……呃……小岔子吗？"朱笑笑心知问题并非出在对方，声音越来越小。

"您说的是您那位被硌到了腰部的同事吧？"朱飞宇根本没把这事儿放在心上。一则，培训师提前把各种注意事项都说得很清楚了，何况他是倒数第二个做背摔的，已经有很多学员都做过了，动作要领不会不知道；二来，他是在脱离培训师的控制范围后，自己突然改变身体姿势的，培训师完全没有责任；第三，现场的其他学员都说是当事人自己的责任；第四，我们也提出带他去医院检查，并承诺负责到底，是他自己拒绝了。难道……"他现在怎么样了？如果需要去医院的话，我马上就过去！"

"他没事儿，你放心。"朱笑笑赶紧解释道，"只是，学员受伤，培训公司怎么也脱不了干系，你说是不是？我们老总对这个很是担心……"

完了！尽管知道问题其实并不是出在自己这边，但朱飞宇能明显感觉到朱笑笑的歉意和承受的压力,也就没办法再多说什么了。

电话那边的沉默让朱笑笑更加不安起来:"呃……我知道这对你们可能不大公平,但不管怎么说,安全是拓展培训的首要前提,对吧?"

这下不能不说话了,朱飞宇只得干笑了两声:"朱姐您说得对!那您想找什么样的培训师呢?"

"讲课生动活泼的就行。"

"那……我给您推荐周老师吧,他讲课的水平不在王老师之下。"

"太好啦!你能把他的联系方式告诉我吗?我们得沟通一下培训的内容。"

"这会儿他就在公司,我请他来接电话吧。"

朱笑笑拿着话筒耐心地等着,在快要失去耐心的时候,突然听到一声"您好"。不知怎么的,那个颇具磁性的声音让她马上就产生了信任感:"是周老师吗?"

"是。朱小姐您好!您的情况小朱都已经告诉我了,您想要什么内容的培训?"

朱笑笑想了想,犹豫着说:"这个嘛……其实,我也没想好定什么主题。要不这样吧,周老师您既然经验丰富,就请您来拟定两三个主题,我们再来讨论吧。只要适合在年会上讲,形式轻松活泼就行!"

"好的!你们的年会什么时间开呢?"

"2月的第一个周末。"

"那可没有多少准备时间了啊!"

"是。这也是今天老总刚刚通知我的,比原来确定的时间足足提前了两周,而且中间还隔着春节……"

听出了朱笑笑语气中的无奈和烦恼,周老师哈哈一笑:"这也很正常,这世界唯一不变的就是变化嘛!只是您要忙一阵子啦!"

朱笑笑听出对方言语中有安慰的意味,感激地说:"谢谢周老师的理解！我想向您请教个问题，可以吗？"

"当然可以！"

"我该怎么在不降低质量要求的前提下，压缩出这两周时间呢？"

"有四种基本措施：一是重新定义工作范围，删除那些重要性比较低的任务；二是将资源从非关键路径转移到关键路径上；三是追加额外资源，以压缩任务历时（专业术语叫赶工）；四是某些工作由串联改为并联（专业术语叫快速跟进）。"

"听起来，这些措施有可能会影响成本吧？"

"是啊。时间、成本、质量是相互影响的，在相同的工作范围里，你不可能在另外两个条件都不变的前提下，只压缩进度吧？"

"哦。"朱笑笑不由得脸红了，幸好周老师看不见。她想了想，又问道："那，要是成本不变呢？"

"如果要求成本不变，一定要密切注意由于客户需求变化或额外要求发生的成本。这时，需要仔细推敲合同，清晰地规定要求达到的质量水平，以确保界定了所有应包含的成本。需要注意的是，长期来看，降低质量要求会增加以后的运营成本。"

"进度不变又该怎么办？"

"这就要求项目团队对进度进行详细计划和跟踪，并按进度计划完成。此外，做好事先安排通常也会减轻客户的损失。"

"哦。刚才您说不可能三个都不变，那要是三个都得变呢？"

"这是最棘手的一种情况。首先，要在不同的质量水平上进行成本和时间的平衡。这在项目生命周期任何时间点上都是必需的，且分析准则和相对重要性都可能变化。可以用不同的成本变更达到计划的时间和质量要求，但最终成本方案的选择取决于项目执行方的效用。其次，分析和选择可行备选方案。这需要编制正式的项目更新报告，包括项目目标一致性、更新后的范围、最小的成本超出额、最小的进度

207

超期等；构造决策树；为内、外部项目管理提供备选方案及其增加成功概率；利用管理的一致性原则选择恰当的完工策略并实施。最后，都应对所有未来潜在问题发生的可能性和严重性进行评估。"

"原来如此。谢谢周老师！"朱笑笑高兴地说。

"不必客气。其实，项目优化有很多种方式，需要根据具体要求具体对待。说到底，成功的项目管理既是门学科，更是门艺术啊。"

05 配置管理——更新要及时

"怎么回事嘛！不是说 18 日开年会吗，怎么一下子提前了两周？把我们的工作安排全打乱了……"

"哟，提前这么多，那我得重新统计一下了，谁知道到时候谁有工夫去呀……"

"6 日是元宵节，让员工在路上奔波，不好吧……"

各种各样的抱怨如潮水般席卷而来，朱笑笑还得赔着笑脸挨个儿解释，心里那个郁闷哪：时间又不是我要改的！让你们提前提交个与会人员清单就这么多话，我那么多事儿，还活不活了？余光瞄见安为善一副事不关己的清闲样儿，她气得把牙都咬歪了。干脆，找老总去！

梅胜男听了朱笑笑转达的员工抱怨（其实更是她自己的抱怨），沉吟了一下说："他们反映的也有一定道理，我再去和李总谈谈，把年会再提前一天吧，这样他们就可以在家过元宵节了。"

啊？！怎么又要提前一天？朱笑笑撞墙的心都有，没想到会是这样。

见朱笑笑怔在那里，梅胜男奇怪地问："怎么，还有什么问题？"

"呃……是……嗯……对了，您在年会的场地方面有什么建议？我这边儿没什么合适的资源。"朱笑笑不敢再在时间问题上纠缠，怕老总再给提前几天，那可就真死无葬身之地了。

"这个好办。Andy 是个老 HR，你直接找他好了，培训师及主题的选择也要多问问他的意见。"见朱笑笑面露难色，梅胜男直盯着她的眼睛，一字一句地说，"项目经理要团结一切可以团结的力量，善于利用一切可以利用的资源。"

嗯，有道理！朱笑笑不由得点了点头。可是，那个老安他……

梅胜男看穿了朱笑笑的心思："你心里有想法我可以理解，但他也确实是为员工的安全考虑。古人说'取长补短'，你必须学会这点。"

为了进一步帮助朱笑笑树立信心，她又补充道："我会请李总把提前开会的事情发邮件给大家，这样你就不必再一个个解释了。"

朱笑笑看着梅胜男那一如既往缺乏表情的脸想：真是奇怪，我怎么觉得"梅超风"越来越可爱，而老安却让我大跌眼镜呢？到底是他们变了，还是我出了什么问题？她要是直接把安为善叫过来交代一下，岂不顺水推舟？何苦还要我拉下脸来去求他啊！想到这里，朱笑笑不由得在心里给了自己一个白眼儿——净想美事儿！

"老安，"朱笑笑鼓了半天的劲儿，才费力地张开嘴——她自己也奇怪，明明是他做得不对，倒好像自己做了什么亏心事似的，"年会提前到 2 月的第一个周末了，你那里有场地、餐饮方面的长期合作伙伴没有？还有，梅总说不签培训公司了，直接找培训师，让我问问你有什么建议。"

安为善心想，搞不定了吧，还得我出马吧！他心里冷笑了一下，表面上却不露痕迹："哦？你要什么样儿的？"

朱笑笑垂下眼皮儿："我也不知道，反正就是两百人左右，用两天。"

安为善不慌不忙地翻了翻日历，摇头道："那个周末紧挨着元宵节，恐怕不大好订呢！"他调出个 Excel 文件，说，"而且，适合好几百人用的场地也不多。我虽然负责培训，可没那么大的规模。至于培训师嘛，每个人讲的主题不一样，你还是需要先确定要他们讲什么。"

朱笑笑一听，有点儿傻，自己从来没有想过这个问题。看样子，自己的"短"确实需要安为善这个"长"来补："这个……你给个建议呗。"

安为善摘下眼镜，慢条斯理地说："年会嘛，主要就是总结去年、计划来年、老总定调、员工表态等这些内容，所以不宜安排太专业、太沉重的话题，最好能采用轻松愉快的方式，让大家有所领悟。"

说了半天，都是废话！我也知道要采用轻松愉快的方式，可最轻松愉快的方式被你一票否决了！朱笑笑心里不高兴，只好低下头，装作看手里的计划。

安为善知道朱笑笑听得云里雾里的，斜斜瞟了她一眼，故意停顿了三五秒，深深陷在椅子里，环抱起双臂："所以，我觉得软技能类的课程比较合适，也就是沟通、激励、团队建设之类的内容。我这儿有通讯录，但快过节了，无论是培训师还是度假村的时间都不好订，你碰碰运气吧。"他指了指打印机，上面刚刚打出来几张纸。

朱笑笑道了谢，取过来一看，是一些培训中心、度假村和培训师的联系方式，赶紧抄起电话挨个儿联系起来。没想到，这个电话越打越搓火，不少号码都不对，对的却因为时间太紧，基本无法预订。

回到家，朱笑笑把一肚子的怨气一股脑儿撒了出来，临了以"真不知道那个'安伪善'是怎么工作的"结尾。不知不觉中，她已经把称呼由"老安"变为"安伪善"了。

"估计安为善给你的联络方式是旧版的，他也不一定是故意这么做的。"见朱笑笑不服气的样子，张驰补充道，"其实很多人都缺乏配置管理的习惯，这会造成严重后果。"

"配置管理是什么？"朱笑笑觉得好像在哪儿见过这个词，一时却想不起来。

第 12 章 管理变更——计划不是一成不变的

"配置管理，是源于软件行业的一种专用技术，是通过技术或行政手段对软件产品及其开发过程和生命周期进行控制、规范的一系列措施。配置管理不能仅仅针对静态的、成型的产品，也要针对动态的、成长中的产品进行管理。它紧扣软件开发过程的各个环节，管理用户所提出的需求，监控其实施，确保用户需求最终落实到产品的各个版本中，并在产品发行和用户支持等方面提供帮助，响应用户新的需求，推动新的开发周期。"

"太专业了，听不懂！"朱笑笑本就怒火未消，被张驰的一堆术语搞得更是极不耐烦。

"简单点儿说吧。配置管理就是管产品的，"张驰想了想，"最常见的应用就是管理文件的版本。"

还没等他说完，朱笑笑马上插话："这个我知道，我们公司的ISO9000 文件里就出现过这个词，还有专门的控制程序管这个。"

张驰松了一口气："那就不用我多说了。总之，配置管理要求我们，任何变化都必须用规定的形式记录下来，同时保留所有的基线，以备将来有任何问题时都可以找到变化轨迹和原因。"

"专业术语叫使用最新有效版本和实现可追溯性。"朱笑笑得意扬扬地跷起了脚丫，"问题是，这和项目管理有什么关系呢？"

"项目也可以看成是一个对可交付成果的开发过程，所以完全可以借用配置管理思想及其工作方法。可交付成果是在用户不断变化的需求的驱动下变化、成形的，而配置管理的目标就是记录这个演化过程，以确保干系人在项目生命周期中各个阶段都能得到精确的产品配置。最为重要的是，附带整体变更控制功能的配置管理系统可以集中管理已批准的变更和基线。"

蓦然听到一大堆似熟悉又陌生的术语，朱笑笑有点儿反应不过来，咬着嘴唇深思起来。

"想不想知道如何进行配置管理？"张驰瞪着一双炯炯有神的眼睛盯着朱笑笑。

朱笑笑还没将刚才的话消化掉，干脆一甩脑袋，摆出趾高气扬的姿态："还不快快招来！"

"遵旨！"张驰作了个揖，一屁股坐到朱笑笑旁边，"首先，得制订一个配置管理计划。主要内容包括配置管理软硬件资源、配置项计划、基线计划、交付计划、备份计划等。该计划由配置管理员制订，CCB（也就是前面所说的变更控制委员会）审批。其次，管理配置库。主要包括由配置管理员为项目创建配置库，并给每个项目成员分配权限；各项目成员根据自己的权限操作配置库；配置管理员定期维护配置库，比如，清除垃圾文件、备份配置库等。最后，就是配置审计。为了保证所有人员，包括项目成员、配置管理员和CCB成员，都应遵守配置管理规范，质量保证人员要定期审计配置管理工作。"

"这有点儿像ISO9000里面的《文件资料控制程序》呢！"朱笑笑恍然大悟。

"我们家糊儿就是聪明！"张驰坚定不移地拍着马屁，"对于非软件研发专业的人来说，配置管理确实不好理解，而文件资料控制与大多数人的工作联系得更紧密些，这就不难理解了。其实，这也是典型的配置管理。在文件资料控制方面，我们也需要事先规定并严格执行这些事情：哪些文件资料是受控文件——配置管理的范围是什么；具有哪些职责权限——配置管理权限分配；受控文件由谁、在什么时候、以什么方式、传递到什么地方——配置管理流程；受控文件编号规则——配置项标识；修改时的权限、相关记录及存档要求——配置变更记录。"

"哦，为什么要搞得这么麻烦呢？"愁云又布满了朱笑笑的脸。

"如果不能保证所有干系人使用的是统一的最新有效版本，会对项目产生致命的影响啊！"张驰郑重地提醒道，"这可大意不得。"

"只保存最新有效版本不行吗？"朱笑笑对张驰的语气稍感不满，忍不住反驳道。

"不可，不可！"张驰的头摇得跟拨浪鼓似的，"在项目生命周期中，绝大部分的配置项都要经过多次修改才能最终确定下来，而对配置项的任何修改都将产生新的版本。由于我们不能保证新版本一定比老版本好，所以不能抛弃老版本。这就是配置管理的版本控制功能。其目的是按照一定的规则保存配置项的所有版本，避免发生版本丢失或混淆等现象，并且可以快速准确地查找到配置项的任何版本。"

袜子呢？

知识链接

◎ **配置管理和项目变更控制有什么关系？**

在项目生命周期中，配置项发生变更几乎是不可避免的。变更控制的目的，就是防止配置项被随意修改而导致混乱。配置项的状态有三种：草稿、正式发布和正在修改（需提前制定配置项状态变迁与版本号的规则）。修改处于草稿状态的配置项不算变更，无需CCB的批准，修改者按照版本控制规则执行即可；而当配置项的状态成为正式发布或被冻结后，此时任何人都不能随意修改，必须依据"申请—审批—执行变更—再评审—结束"的规则执行。

配置管理过程直接联结产品开发过程、开发人员和最终产品，其演化出的控制、报告功能可帮助项目经理更好地了解项目的进度、开发人员的负荷和工作效率、产品质量状况、交付日期等信息。

同时，配置管理过程规范的工作流程和明确的分工有利于管理者应付开发人员流动的困境，使新的成员可以快速实现任务交接，尽量减少因人员流动而造成的损失。因此，配置管理过程有助于规范各个角色的行为，同时又为角色之间的任务传递提供无缝的接合，使整个开发团队像交响乐队奏乐一样和谐而又错杂地推进项目。

第 13 章

项目实施——意外在所难免

01 项目辞典——项目的牵扯面真大

为了帮朱笑笑尽快走出困境，张驰帮她联系了自己公司负责年会项目的行政经理。考验人品的时候到了。朱笑笑一上班，就收到了对方发来的邮件，她马上如饥似渴地读起那一大堆附件来。朱笑笑花了小半天时间才浏览完一遍，心里暗自惭愧：原来，年会项目真是比自己理解的要复杂得多呀，牵扯面真广！

其中，有一份叫《项目辞典》的文件引起了朱笑笑的注意。这个文件其实就是个大表格，有任务名称、任务代码、责任人、批准人、协助人、输入提供者、输出接收者、预算、历时、最早开始时间、最早结束时间、最晚开始时间、最晚结束时间、总时差、自由时差、质量/验收标准、相关合同编码、相关风险及措施、备注等十几列之多。

看着看着，朱笑笑恍然大悟——这不就是项目计划嘛！只是用这种表格的方式来表达，每项任务的相关要求就都完整而且清晰了，比以前自己惯用的长篇大论的报告形式更简洁，也更具可操作性。

朱笑笑如获至宝，赶紧把这个辞典打印出来，逐项核查之后，才发现自己遗漏了很多必要的工作。她一边庆幸自己家馊儿的人缘不错，为自己避免了失职的危险，一边根据COSYS的具体情况，赶紧做增删改的工作。忙活完了，想想不放心，她又敲响了梅胜男的门。

梅胜男对这版项目计划非常满意，破天荒地表扬了朱笑笑。朱笑笑惶恐地回应着，考虑着自己要不要把这其实是别人的计划告诉她。

梅胜男心知肚明，缓缓地说："没有谁生下来就会做所有事，也没有谁能仅仅依靠自己的能力完成项目。善于借鉴与学习，本来就是项目经理必备的意识和能力。你能积极吸纳他人的经验教训，本身就值得表扬，更何况你并不是机械地照搬，而是根据具体项目的特点做了修正。"

朱笑笑喜从心来，不由得把头点得小鸡啄米般。猛然间，她又想起那个最严重的问题："可是，没几天就要放假了……"

稳重的梅胜男竟也不易察觉地叹了口气："所以，你恐怕要牺牲一下了，把所有可用的时间都挤出来吧。公司内部的工作比较好协调，你现在的工作重点，要放在外部上。"见朱笑笑直发愣，她又补充了一句，"就是要搞定需要其他供应商提供服务的工作，比如餐饮、住宿、礼品、培训等。记住，节日期间预订不易，但你还是要必须在亲自体验之后，再跟他们签订正式的合同。"

知识链接

◎ **什么是项目辞典？**

其实，在项目管理学科中，其标准名称是"工作分解结构辞典"，是描述工作分解结构各组成部分的文件。而工作分解结构的组成部分，则是工作分解结构任意层次上的任何条目。在这本辞典中，每项任务都有其代码，用来标识其唯一的身份，从而保证每个干系人都明确、高效地掌握自己在这个项目中的职责及与其他干系人的关系。因此，工作分解结构辞典其实是一种有效的沟通工具。

◎ **如何创建工作分解结构辞典？**

工作分解结构辞典是在创建工作分解结构过程中产生的，用于支持工作分解结构的文件。它对每一个工作分解结构组成部分进行更详细的描述，包括简明的范围定义或工作说明；明确的可交付成果；相关活动清单、里程碑清单，以及责任组织、开始和完成日期；所需资源、成本估算、成本编号；合同信息；质量要求；等等。

02 质量保证——当一回神秘顾客

"糊儿呀，你是捡钱包了还是中彩票了，这么奢侈？"张驰看着不算豪华但也相当气派的酒店大堂，偷偷摸了摸兜儿里外强中干的钱包，只觉得喉咙发干，"虽说春节回不了家了，但日子还得过呀！"

"就是因为回不了家了，咱们不得自己好好过节呀。再说了，后天才是除夕，今天还没涨价呢！"见张驰迟疑着不敢迈步，朱笑笑揪住他的胳膊，连拉带拽地生生把他拖进了大门。眼见张驰紧咬牙关，脸上一副挣扎的表情，朱笑笑不由得"扑哧"一声笑了出来："过节啦，这次我请！"

一直到进了房间，张驰紧绷的肌肉依然没有放松下来。服务员一关上门，他马上小声问道："糊儿啊，你可别一天就把一个月的生活费都花光呀！咱们人回不去，给爸妈的过节费可不能省。"

朱笑笑四脚朝天地躺在宽大而柔软的床上，慢条斯理地说："你慌什么？又不要你掏钱。"见张驰欲言又止、忧心忡忡的样子，她得意地哈哈笑了，"告诉你吧，咱们不用花钱！"

"啊？为什么？"张驰知道，从来没有天上掉馅饼的好事儿，当你眼睛盯着天上掉下来的馅饼时，地上往往已经张开了陷阱。

"我们公司的年会不是要提前到2月初嘛，"提到这件伤心事，朱笑笑脸上的笑容一下子消失了，只留下淡淡的忧虑，"刚过春节，又连着元宵节，场地不好定。我们梅总反复强调，要我别听信酒店的口头承诺，一定得自己体验一下。这不，咱们就来体验一把。"

"哦，原来如此。"张驰总算放下心来，又觉得有哪儿不对，"咦，你不是一直管她叫'梅超风'吗，今天怎么改口了？"

朱笑笑想了想，是啊，自己怎么不知不觉就改口了呢？"嗯……我也不知道。不过仔细想想，她其实没有我原来以为的那么坏，只是太严肃了，让人受不了而已。"

"她为什么不亲自体验一下呢？刚好可以在酒店过节呢！"张驰觉得这样的好事儿，一般是不会落在像朱笑笑这样的小兵身上的。

"她说年会项目由我全盘负责，所以应该我来。而且，她还要回香港休假。不过，快过节了，大家都没心思好好干活儿，这次住酒店的钱还得我们先垫上，过了节再报销。好在我已经和酒店谈好了协议价，咱们还垫得起。"

"他们知道你要来试住吗？"

"当然啦！要不怎么可能同意用协议价结算。"

"那人家就有准备了，咱们试住还有什么意义呢？"

"这个你就放心好啦！我告诉他们的是我明天才来。"朱笑笑得意地眨了眨眼。

"真是不试不知道，一试吓一跳。看起来那么干净整洁的酒店，居然有那么多问题！"朱笑笑一边收拾东西，一边忍不住抱怨起来，"幸亏咱们来试了一下，真要是在这儿开年会，老总们不得把我给吃了？"

张驰叹了口气："是啊，这下我是真正地体会到'魔鬼就在细节处'这句话了。"

朱笑笑掰着手指数着："隔音奇差，床垫硌人，楼层服务员总是找不着，洗澡水调不到合适的温度，餐厅上菜巨慢，乒乓球拍全都是残疾……那么多问题，你说他们自己怎么就发现不了呢？"

张驰摇了摇头："'当局者迷，旁观者清'嘛，所以才需要我们这样的神秘顾客呀。"

朱笑笑皱起鼻子重重地哼了一声："难怪现在越来越多的服务企业公开招募志愿者，包吃包住，让他们帮自己找问题呢。自己员工就是护短！"

"也不一定。"张驰又开始发挥他那研发人员的缜密思维，"也许是因为'一直如此'就容易视而不见吧。"

朱笑笑点点头："嗯，要是整个团队都这样做，可能其中的人就发现不了问题了。不管怎样，我这次体验的结论是'很不满意'，我要投诉他们。"

"投诉倒不必，你把意见反馈给他们就行了，毕竟这些问题在这个行业里还是比较常见的。"张驰抽出床头的《顾客意见调查表》递给朱笑笑。

朱笑笑接过来一看，突然一副恍然大悟的表情："哦，我终于明白了，为什么ISO9000中特别强调质量保证呢，因为质量保证的意思就是，为干系人对产品与服务质量能够满足要求树立信心！"

"哦？什么意思？"

傻儿也有要向自己请教的时候？朱笑笑得意非常，心想，幸亏自己为了搞懂ISO9000文件（多少也有些讨好梅胜男的意思吧，她自己也不确定，或者说是不好意思承认）恶补过质量管理。

"质量保证嘛——"朱笑笑故意把声音拖得长长的，"是一个专用名词，其任务是保证满足质量要求。这个词的内涵不仅仅是为了保证质量（那是质量控制的任务），而是以保证质量为基础，进一步达到提供信任这一基本目的。"

"怎样才能提供信任呢？"

"首先，组织要加强质量管理，完善质量体系，针对合同产品建立一整套完善的质量控制方案、办法，并认真贯彻执行，对实施过程及成果进行分阶段验证，以确保其有效性。在此基础上，组织要有计划、有步骤地采取各种活动，使用户或第三方能了解组织的实力、业绩、管理水平、技术水平，以及对合同产品在设计、生产等阶段主要质量控制活动和内部质量保证活动的有效性，使对方建立信心，相信提供的产品能达到所规定的质量要求。因此，质量保证的主要工作是完善质量控制，以便准备好客观证据，并根据对方的要求有计划、有步骤地开展提供证据的活动。这是外部质量保证，还有内部质量保证……"

朱笑笑一口气讲了这么多，觉得口干舌燥，赶紧拿起一瓶雪碧，仰脖猛灌起来。

"内部质量保证？"

朱笑笑喝够了，一边抹嘴一边说："那是为使组织领导确信本组织生产的产品能满足质量要求而开展的一系列活动。组织领导是法人代表，对产品的质量负全责，一旦出现质量事故将承担法律和经济责任。而产品的一系列质量活动是由各职能部门的有关人员执行的。虽然各职能部门明确了职责分工，也有一套质量控制的办法和程序，但是他们是否严格按程序执行呢？这些程序是否确实有效呢？这就需要组织一部分独立的人员（即质量保证人员）对直接影响产品质量的主要质量活动实施监督、验证和质量审核活动（即内部质量保证活动），以便及时发现质量控制中的薄弱环节，提出改进措施，促使质量控制更有效实施，从而使领导放心。因此，内部质量保证是组织领导的一种管理手段。总而言之，质量保证的作用是向质量控制系统施加压力，促使其更有效地运行，并向对方提供信息，以便及时采取改进措施，在早期解决问题，以避免更大的经济损失。"

"这样做不会提高生产成本吗？"

"不怕呀！"朱笑笑得意地笑了，"生产商向用户提供质量保证时，有权提出加价的要求呀！只不过幅度取决于需求方要求提供证据的范围、方式和程度，以及产品的性质罢了。"

"那么，质量管理和质量保证是什么关系呢？"

"最高管理者对组织在质量领域的管理就是质量管理，其目的是使产品质量让顾客满意，从而提高市场占有率，给组织带来经济效益。质量管理通常包括下述各项活动，这些活动都是质量管理的一部分，但目的各不相同：一是质量策划，致力于制定质量目标并规定必要的运行过程和相关资源，以实现质量目标；二是质量控制，致力于满足质量要求；三是质量保证，致力于提供质量要求会得到满足的信任；四是质量改进，致力于增强满足质量要求的能力。明白了吗？"

"哎呀，我们家糊儿真厉害啊！"张驰把朱笑笑紧紧搂在怀里，一边佩服这个小女人进步神速，一边因为自己找到了新的拍马屁方式而高兴——让她讲比自己费劲巴拉地解释效果更好！

新菜

第 14 章

项目监控——自己要监控自己

01 闭环管理——PDCA 循环为质量管理导航

节后上班第一天，印刷公司并没有如约一早就把定制的手提袋送来。在朱笑笑的一再催促下，他们临下班了才给她回电话，居然说节后人手不够，只能找人帮着捎过去，让她在楼下等着取。朱笑笑在不时漏风的写字楼大堂里冻着，左等不来，右等不来，心里的不满一点点地发酵。

好不容易等来了，对方心急火燎地让她签收，那哪儿成啊！她打开包装一看，窝了许久的火气一下子爆发了："搞什么啊?！把我们公司的口号都印错了！我一再跟你们强调，是'敏捷'的'敏'字左边儿加上'流动'的'流'字右边儿的'毓'，怎么还是印成了'教育'的'育'？上过学没有啊！不识字儿就说嘛……"

送货的人起初还想笑着解释解释，结果被朱笑笑一顿唇枪舌剑，根本插不上嘴，干脆走开打电话去了。朱笑笑一看这情形，更是气不打一处来，抄起手机就找印刷公司的业务员，居然关机！

正抓狂呢，送货人把手机递给她，示意她接听电话。朱笑笑抢过来，还不等对方出声，又是一番狂轰滥炸，直到实在是口干舌燥不得不停下，对方才终于逮到了说话的机会："实在对不起啊，朱姐，我们那个业务员家里有事离职了，我们也联系不上他。可能是沟通上的问题，给您印错了，朱姐，真是太对不住您了！"

对方一口一个姐地叫着，一个劲儿地道歉，朱笑笑实在不好再叫嚣下去了："问题是，手提袋怎么办？"

"实在对不起，这批货我们不收一分钱，白送给您！可是由于有特殊的印刷工艺，重印无论如何是来不及了。"

"啊？！我们年会急着用呢！"

"要不，我们再免费给您印一些单面胶，麻烦您打个补丁？"

"那怎么行！新年刚开始就打补丁，不知道的还以为公司连这点儿钱都花不起了呢。我们可丢不起这个人！"

说来说去，无法可想。朱笑笑看着脚下一大堆形同废纸的手提袋，真是欲哭无泪。

长时间的观察和磨合后，张驰早就成了朱笑笑肚里的蛔虫，看到她回家后神色不对，赶紧主动慰问："糊儿啊，又什么事儿糊啦？"

在公司没办法表达郁闷的朱笑笑终于找到发泄的对象了，即便不是歇斯底里，也算得上声嘶力竭。张驰微笑地听着她呜里哇啦，直到她累得颓然坐在沙发上，才一把搂过来："糊儿啊，这件事其实你也有责任的，你要是把要求印刷的文字传真给他们，不就没事儿了嘛。"

朱笑笑委屈得都要哭出来了："我哪儿知道他们这么笨，连个'毓'字都不会写呀。当时那个业务员答应得可好了，说什么让我放一万两千个心，谁知原来其实不可信哪！"

"做销售的，最会耍嘴皮子了，这你也信？"想到和公司销售根深蒂固的矛盾，张驰摇了摇头，"要知道，信任是逐步建立起来的，需要长时间的积累呢。"

"你哪里了解，找一个愿意在春节期间接活儿的印刷公司多难！"朱笑笑这回真的红了眼圈儿，丝毫不理会张驰通过搂得更紧的臂膀传递过来的温情，"这下可好了，连索赔都难了。"

张驰觉得很奇怪："为什么不能索赔？"

朱笑笑咬着自己的下嘴唇："都怪我嫌麻烦，没听'阿汤哥'的话，直接跟那个不靠谱的业务员签的合同，没找他们公司的法人。"

张驰一摆手："那只是理论上的说法，实际上，很多公司都不可能由法人跟你签合同的。比如你去银行办任何手续，哪会有法人跟你签？他们根本不会搭理你我这样的普通储户。"

"那我现在该怎么办？重印肯定是来不及了。"

"你印手提袋不就为了装资料、礼品什么的，换个袋子不就行了？"

"换？换什么袋子啊？"

"我经常参加厂商举办的产品发现会，也没少拎手提袋回来，你觉得那些袋子怎么样？"

"形式单一、内容呆板、印刷粗糙，根本没有创意，简直就是浪费纸张！我拎出去买菜都嫌难看！"

"是啊，现在全球都提倡环保，你难道还要再浪费纸张吗？"

"你是说，我根本就不用手提袋了？嗯，好主意！"朱笑笑一下子跳了起来，张驰心中暗道，终于哄高兴了。还没等他松口气，朱笑笑脸上又晴转多云："可是，还是来不及印刷啊。"

"那就不印了。你之所以觉得那些厂商的手提袋不好，最重要的原因就是那上面都是赤裸裸的广告，对吧？如果没有那满篇的文字，是不是就实用多了？"

朱笑笑咬着手指头："嗯……这倒是。可是怎么能表示那是我们公司送的呢？"

"你别忘了，这是年会，袋子是送给公司员工而不是客户的，他们觉得实用更重要！再说了，你们公司就没有什么胸牌、胸针之类的东西吗？别在包带上不就行了，看着还别致！"

"好主意！那你觉得，我可以信任哪家公司呢？"

"大品牌，或是大批量、标准化的成品都是可以信任的。"张驰指了指脚上的耐克鞋，又拿起桌子上的一个杯子，"像这种定制化的礼品，就必须PDCA了。"

"PDCA？"朱笑笑再次把疑问的眼神抛向张驰。

"PDCA循环，是美国著名质量管理专家戴明博士提出的概念，因而也被称为'戴明环'。PDCA循环是能使任何一项活动有效进行的一种合乎逻辑的工作程序，特别是在质量管理中得到了广泛的应用。PDCA是四个英文单词的首字母，其所代表的意义分别为：P（Plan）——计划，包括方针和目标的确定及活动计划的制订；D（Do）——执行，也就是具体运作，实现计划中的内容；C（Check）——检查，总结执行计划的结果，分清哪些对了、哪些错了，明确效果，找出问题；A（Action）——行动或处理，对总结检查的结果进行处理，对成功的经验加以肯定并予以标准化，或制定作业指导书，便于以后工作时遵循，而对于失败的教训也要总结，以免重现。"

"如果还是没得到解决呢？"朱笑笑依然沉浸在深深的挫败感里。

"那就要提交到下一个循环中去解决啦。"张驰把心爱的糊儿抱得更紧了些，"总之，PDCA循环是确保工作能够一步一个脚印地前进的必要的工作逻辑。"

02 风险监控——须臾不可懈怠

项目尽管千头万绪错综复杂，依然在艰难地向前推进着。后天晚上，大批员工就要入住度假村了，朱笑笑不敢大意，拿出《项目辞典》

逐项核查起来，花了小半天时间，终于放下心来——一切尽在掌握！

餐厅里人头攒动，但朱笑笑依然一眼就看到了张丽娜婀娜的身影，不禁叹了口气："我要能长成那样儿该多好啊！我要是个男的，保准……"

张丽娜也看见了朱笑笑，俩人左右突击，终于找到个相对安静的角落坐到了一处。

张丽娜上下打量着朱笑笑："别人过节都胖了，你怎么好像倒瘦了一圈？"

"还不是让年会项目给折腾的。"朱笑笑做出夸张的受虐动作，"别人是过节，我整个儿一小白鼠，试吃试住，讨价还价，磨叽扯皮，闹心着呢！"

张丽娜本来只是想逗她高兴，不料却招来一通牢骚，关切地问道："你的年会项目筹备得怎么样了？你不说我都忘了，日期可是生生提前了半个月呢，也难为你了！"

出乎意料地，朱笑笑报以一个成竹在胸的表情："没问题！我告诉你啊，"她向周围看了看，故作神秘地说，"这次的培训肯定有震撼力，你就等着瞧好吧！"

"哦？你就这么有把握？"

"那当然！"朱笑笑心说，也不看看我找的什么人。要不是"安伪善"从中作梗，本来可以做户外拓展的。不过，王老师说，周老师的培训经验也非常丰富，他组织的室内团队课程的效果丝毫不亚于户外课。我可是看过录像的。不过，为了保证震撼效果，现在还不能透露。她生生地把后面的话咽了回去。

"好，那我就拭目以待啦！"见朱笑笑不肯透露更多信息，张丽娜也知趣地转移了话题，"对了，有个细节不知道你考虑到了没有。按照惯例，为了怕有人因故要中途离开，年会刚开始时，全体与会人员要拍个合影。"

"没问题！我已经安排好了，摄影和拍照有专人负责。"朱笑笑不假思索地说。

"我说的不是有没有人负责拍照的问题，而是，二百多人怎么站位的问题。"

朱笑笑从来没想到过这个细节，一时不知道该怎么办。按照职位高低排？那么多人，不现实，拍出来高高低低参差不齐，也不好看！按照身高来排？二百多人，还不得排到大街上去？而且肯定挤成一锅粥！

让每个分公司自己提前安排好？可是每个分公司的人数不一样啊！

见朱笑笑失神的样子，张丽娜庆幸自己及时想到了这个重要的细节，这可是对项目经理的真正考验哪！她继续说道："这还不止呢！以前每次拍照时，都在怎么排序方面花费了很长时间，不断有人加入，又有人离开，甚至拍完了才发现有人不在场，集体照的意义就大打折扣了。"

是啊，怎么能保证每个人都到场，并在大家能忍受的时间里完成拍照呢？

"这是怎么拍的问题，还有在哪儿拍的问题。你得找一个足够大的场地，既能让大家尽快站好位置，排出能拍清楚每一个人脸的高低层次来，又有足够的腾挪空间，允许二百多人商量怎么排序，保证上下台阶的安全……"不管朱笑笑是否能反应过来，她继续说着，"还有，各个分公司员工之间多数互不认识，谁来协调？怎么协调？和其他会议议程之间怎么对接？是否需要统一着装？……"

"我的亲娘哪，拍个集体照就这么多事儿吗？"朱笑笑再次抓狂起来，"让你说的，我的项目就那么多问题吗？"

张丽娜又好气又好笑："问题不是我说出来的，它明明就摆在那儿，越早发现和解决越好，否则风险会膨胀。等引起连锁反应时，看你找谁哭去？"

"能引起什么连锁反应啊？"朱笑笑不服气地噘起了嘴。

"不说别的，缺人的话，老板是不是会不满意？时间太长，员工是不是会不耐烦？万一有人摔倒了，你赔得起吗？拍个集体照都搞不好，将来还能对你委以重任吗？"

"照你这样说，这个拍照任务可是关系到我职业生涯的大事了？"

朱笑笑觉得张丽娜实在是有些小题大做。

"你如果甘于现状，想一辈子做个小职员的话，就对潜在风险视而不见好了。"张丽娜有些无奈，怎么这个朱笑笑过了个春节，进取心就倒退了呢？

朱笑笑一个激灵，是啊，我为什么要承担这个从来没做过的年会项目，不就是想突破自我、拓宽自己的职业生涯吗？她感激地向张丽娜看过去："我不是那个意思……谢谢你的提醒！你真的觉得这些问题很重要吗？"

张丽娜认真地说："我不是要吓唬你，那对我没什么好处。我只知道，项目是个复杂的系统，任何看似不起眼的小石头都有可能激起滔天巨浪，所以要持续、小心地监控所有风险！"

朱笑笑不由得脸红了，低下头道："我还以为，马上就要开会了，项目也就即将结束了，可以松口气了呢。"

张丽娜使劲儿摇了摇头："非也，非也。项目越到临近结束的时候风险越大，所谓'行百里者半九十'是也！"

"不会吧？项目都快结束了，风险怎么还会大呢？"

"总体上看，到了项目生命周期晚期风险的发生概率会降低，但其影响会越来越大。"

"啊？！"朱笑笑惊得心跳都快停止了，"此时项目会有哪些风险呢?"

"多了!比如,由于客户未充分参与到项目规划和设计中,导致直到交付了成果,项目团队才得知客户需求根本没有得到充分理解;再比如,干系人觉得项目马上要做完了,对风险掉以轻心甚至故意隐瞒;还有,为按期交付,项目团队加班赶工,而组织却开始将资源调配到其他项目上;再有,如果沟通不畅,客户可能不能及时为接收可交付成果做好充分、恰当的准备……"

"娘啊,你简直要吓死我!"见张丽娜丝毫没有开玩笑的意思,朱笑笑颓然倒在椅子上,"看来,风险积累本身就是巨大的风险呀!"

"确实是这样。风险监控是项目管理团队的重要职责之一,这项工作越经常开展,风险管理就会变得越容易。"张丽娜想了想,又加了一句,"由于风险的最大特点就是多变,因而需要持续地识别、分析、规划和监控,这一工作贯穿整个项目生命周期,须臾不可懈怠!"

知识链接

◎ **风险会有哪些变化?**

变化最典型的就是残余风险和次生风险,前者是在采取预定应对措施之后,仍然存在的风险残余部分,后者则是实施风险应对措施直接导致的二次风险。比如,3·11日本大地震之后,余震不断,这就是残余风险;而由地震引发了海啸,海啸造成核电站爆炸,核电站爆炸又污染了环境,进一步造成农产品滞销,这些都是大地震带来的次生风险。

◎ **风险如此多变,我们怎么监控它?**

项目管理团队必须始终如一地对风险进行严密监控,并与所有的相关计划、职责、流程结合起来,尤其是要变更控制系统。在实践中,可以灵活运用各种方法对风险进行管理。比如，对进度进行综合监控时，我们可以根据时差和储备设立四级预警机制，并据此采取不同的措施。

- 绿色：自由时差大于预先设定的临界值——可能会动用应急储备，但不会影响项目进度。
- 黄色：自由时差即将耗尽——意味着其他活动将受影响。
- 橙色：总时差即将耗尽——意味着关键路径将受影响。
- 红色：管理储备即将耗尽——意味着项目将延期。

这样，可以直观地看出进度风险的严重程度，并做出实施相应的《风险应对计划》、动用相关储备、触发变更控制流程，或采取其他举措的决策。

风险是个吃货

第 15 章

阶段 / 项目收尾——一件事做完了，总要有个说法

01　阶段审核——没时间永远是借口

"周老师，实在是对不起，让您这么晚还没吃上饭……"朱笑笑正低头紧张地做着最后的核对工作，猛然发现周老师已经站在面前了，忙不迭站起来道歉。

周老师微笑着说："没关系。你请我吃饭，我感谢还来不及呢，怎么会怪你呢？"

"八点了还不晚哪？快请坐！"朱笑笑一边做出"请"的手势，一边递过菜单，"不知道您喜欢吃什么？"

周老师大手一挥："我可是个杂食动物，什么都吃。你随便点两个菜就行。不过，第一，一定要有肉；第二，越快越好。说实话，我真饿了！"

朱笑笑被他扮的鬼脸逗得哈哈大笑，这几天的诸多劳累和不快一下子抛到了九霄云外。

点完菜，朱笑笑问："周老师，有个问题我一直想问，您的培训大纲为什么那么粗略呢？"

"这你就不懂了吧。和传统意义上的课堂培训不一样,我们这次采用的是室内拓展形式,本来就是活动多、讲授少嘛。"

"可是,好几个人都说大纲太粗,是不是培训师本来就讲不出多少东西来。"见周老师脸上流露出不悦,朱笑笑赶紧往回找补,"我不是说您哪,您的培训水平那是没得挑,我还特意看了您的录像。只是,碰到较真儿的同事不好应付。"

"哈哈,我逗你玩儿呢!"周老师的表情变得巨快,跟川剧"变脸"似的,"这种情况我碰到过无数次,早就见怪不怪了。不过,你要早点儿说,我还能给你再改改,现在改可来不及了!"

"您说得对。这得怪我,最近实在是太忙了……"

周老师摇摇头:"不客气地说,'忙'永远是借口!"

"为什么这么说呢?我确实很忙啊!"朱笑笑有点儿委屈。

"那我就好为人师一回啦。你每天有多少时间?"

"24小时啊。为什么这么问?"

"你知道我有多少时间吗?"

朱笑笑忍不住笑了:"也是24小时啊,难道您还能多出来不成?"

"是啊,这世界上唯一公平的事就是时间,每个人都不会比别人多一分钟。但是,为什么有的人可以取得辉煌的成就,而有的人却庸碌一生呢?"

"是……机会不同吧?"

"你听说过这句话吧,'机会只会降临到有准备的人身上'。如果你没有打好基础,机会落在你面前你都不认得。"

朱笑笑一下想起来,自己在找工作的时候,最动心的一个职位是总经理秘书,待遇比现在这个行政助理强多了,可是面试第一关就被刷下来了,原因是"沟通能力不足,缺乏大局观念"。当时还不服气,现在回头看,可不就是这么回事儿嘛!想到这儿,她认真地点了点头。

第15章 阶段／项目收尾——一件事做完了，总要有个说法

"其实，上天是公平的，你付出多少，才能得到多少。有人说，'世间唯一可以不通过努力就得到的是年龄'。你现在虽然还小，但早晚会面临这个问题。你有没有想过，五年后、十年后，你想做到什么职位？你能做到什么职位？"

朱笑笑一下子呆住了，从来没有人跟她说过这些。别说五年、十年后，她连下周的事都没好好想过呢。"可是，可是我确实没有时间呀！那该怎么管理自己的时间呢？"

"很简单，你需要提前做计划。"

"我做计划啊，可是计划赶不上变化啊！"

"你这还是借口。我且问你，你是用计划去追赶变化呢，还是把计划往墙上一贴，说'所有的事情都要按我的计划来'？"

朱笑笑扑哧一下笑了："我还真是这么干的。不仅是我，很多人都这么干。以前不觉得有什么不对，经您这么一说，确实挺可笑的。"

周老师也笑得很开心："其实道理很浅显，就是需要换个角度想想。"

"那怎么才能够管理好自己的时间，并且不找任何借口呢？"

"还是那个词——计划，只不过是要追赶变化的计划。"

"怎么追赶变化呢？"

"你得清楚什么是重要的。"见朱笑笑没有吱声，他进一步解释道，"比如，你原想下班后去看电影，结果老总要求你加班，你怎么办？"

"当然是加班了！"

"这时候你又接到一个电话，说家里有人生病了，在急诊室，你又怎么办？"

朱笑笑可为难了：加班吧，不放心；不加班吧，又怕老总不高兴。一时不知道该怎么选择。

看出了朱笑笑的纠结，周老师笑了："你的时间有限，只能选择一个，放弃另一个。其实，在你心中，与你选择了的那个相比，被你放

233

弃的那个没有那么重要。"

"家人生病了不去看望，他可能会不高兴，但最终会原谅我；可要是不加班，也许工作就丢了。"

"你有没有想过，工作丢了可以再找，家人没了还能再回来吗？"

朱笑笑一下子怔住了："子欲养而亲不待"可是人生最大的痛苦呀，自己怎么就忘了呢？

看到朱笑笑半是惶恐半是忧伤的眼神，周老师缓缓地说："许多人被眼前的小事蒙蔽住了眼睛，忘记了什么才是真正重要的事，等到发现的时候，早已追悔莫及。所以，没时间绝不是理由，而是逃避责任的借口。"

朱笑笑被深深地打动了，用充满敬佩，甚至有些许崇拜的眼神望过去："周老师，您说得很对！从明天，啊不，从现在起，我要改掉爱找借口的毛病！"在周老师赞许的目光中，她又问道，"您能告诉我，如何不被小事挤占时间吗？"

"定目标，做计划，常检查。"

"目标和计划我都有，检查嘛，好像弱了些。"朱笑笑不好意思地说，"我知道做事要遵循PDCA循环，但是该在什么时候检查呢？"

"你在做计划的时候，难道不计划这个吗？"周老师奇怪地问。

"这个……真没有。"

"这个，可以有！"周老师笑得很灿烂，"你如果做计划的时候考虑了什么时候、用什么方式检查，就不会发生刚才提到的事儿了。"

"什么事儿啊？"朱笑笑脑子里一片空白。

"就是我的大纲不够详细的事儿啊。"周老师呵呵笑着。

"您就别再提那个了！"朱笑笑自责道，"明天年会就开了，您说我这计划还来得及去追赶变化吗？"

"子曰：'朝闻道，夕死可矣。'项目计划也是如此。不过，"周老师想了想,"年会项目相对比较简单,如果你确实没时间的话……"

"您不是刚刚说过嘛,没时间永远是借口,怎么,这么快就开始帮我找借口了?"看到周老师笑得豪爽,朱笑笑自己也乐了,"哪怕就当作是次练习呢,我也得试一把!"

"好!那你就在计划里加上阶段审核部分吧。也就是说,你应该在每个阶段结束的时候,检查这个阶段的绩效,以确定项目是否还在正轨上。"

"我经常按照《项目辞典》检查呀,难道还需要在阶段结束时,再查一遍吗?"

"这可不一样。你说的那个叫日常检查,我说的是阶段审核。"见朱笑笑没听明白,周老师详细解释道,"首先,日常检查会随时进行,阶段审核则要按计划实施。其次,日常检查比较细致,而阶段审核更关心项目的大方向。再次,日常检查应该及时记录,如果没有特殊情况发生的话,只需定期汇总、上报给领导就行了;而阶段审核必须编写专门的审核报告,汇总进度、成本、质量等绩效信息,找到将影响下个阶段的问题并给出解决方案,而且要传递给相关干系人。最重要的是,日常审核是你自己做的,而阶段审核得由在计划中圈定的干系人一起做。"

"了然!这就是环环相扣的意思吧?"朱笑笑想了想,一拍脑门儿,"年会明天就正式开始了,今晚是不是应该阶段审核一下?可是,这会儿正乱着呢,我找不到干系人哪。"

"那你就自己再好好检查一下吧。我就不耽误你的宝贵时间了。"周老师边说边站了起来。

"您好好休息,明天就指望着您啦!"朱笑笑鞠了一躬。周老师刚转身,朱笑笑又想起来一件特别重要的事儿:"对了,周老师,明天拍集体照的事儿——"

周老师挤了挤眼:"放心吧,包在我身上!"

知识链接

◎ **环环相扣和闭环管理的关系**

闭环管理强调问题要在内部解决，环环相扣强调一步一个脚印地走。

由于项目是一次性的特殊工作，因而需要对其实施必要的控制，最主要的控制手段之一，就是通过预先设置检查点进行系统检查。从整个项目的角度来看，最高级别的检查点其实就是项目阶段之间的分水岭，因而该时间点常常被定义为里程碑——它是项目中的重要事件时间点。在这个时间点上，我们需要在上一阶段正式收尾的基础上，对下一阶段进行正式启动。

02 阶段验收——做项目要有结果

"各位 COSYS 的朋友们，大家早上好！"激昂的音乐戛然而止，热情的声音传来，在偌大的会议室里回荡。正当大家奇怪地四处张望时，身着火红上装的周老师突然出现在众人面前。洪亮的声音、饱满的情绪加上灿烂的笑容，一下子抓住了所有人的眼球。"我是今天的培训师，姓周。为了这个年会，我特意买了这件新衣服，名牌儿——懒猪！"在大家惊诧的目光中，周老师夸张地指了指胸前的 logo（商标），逐个字母地念道，"L——A——N——Z——H——U，下边还有两个字——兰竹，'兰花'的'兰'，'胸有成竹'的'竹'。"台下一片爆笑。朱笑笑笑得尤其开心，这个周老师太搞笑了！

"为什么要买这个牌子的衣服呢？是希望咱们 COSYS 的员工在新的一年里都可以做'懒猪'——千万别误会，我说的是'兰花与竹子'。

第15章 阶段/项目收尾——一件事做完了，总要有个说法

梅、兰、竹、菊，可是'四君子'呢！新年伊始，万象更新，祝愿在座的各位，像兰花那样儿清雅俊逸，像竹子那样儿亭亭玉立，像兰、竹那样儿亲如兄弟，像'懒猪'那样儿无忧无虑！"掌声像潮水一样席卷了整个会议室。

"因此，我今天也打算做一回'懒猪'，把简单快乐带给你们，怎么样？"

"好！"不少人禁不住喊了出来。

"今天上午，咱们就一个任务——服装表演！我们的规则是，以小组为单位，用一个半小时的时间制作服装。"在大家面面相觑时，周老师走下舞台，从第一排桌子上拿起一个手提袋，"在这个袋子里，有彩纸、胶带、画笔等工具。为了保证公平，除了这些，你们不可以再使用其他工具。并且，一旦时限到达，不可以再继续制作。之后，再用一个小时左右的时间进行会演，每组限时五分钟，两分钟介绍小组的名字、成员和口号，三分钟展示服装，顺序和方式自行安排。我们将使用同一支曲子，以公平计时。最后，由随机选出来的大众评委进行点评，并投票选出一、二、三等奖。规则我介绍完了，大家听明白了吗？"

"听——明——白——啦——"所有人都迫不及待。

"好！现在我们来分组。请大家看一下自己的参会牌，上面有一个编码，那个编码的末位数就是你所在的小组的组号。一会儿，等我说'开始'的时候，请各个小组在指定地点集中活动，不要影响他人。小组组号标注在咱们会场的桌子上，请看我的手势，按照距离舞台从近到远的顺序，在我的左手边是0、1、2号，中间是3、4、5、6号，右手边则是7、8、9号。我说明白了吗？"

这也太好玩儿啦！朱笑笑手心痒痒的，偷偷往旁边看了看，一派摩拳擦掌的景象。

237

"活动即将开始。最后,我强调一点,要尊重彼此的时间,所以,请大家按时完成任务。计时——开始!"

所有人一下子都跳起来,纷纷跑向自己的小组区域。

"哔——"一声清脆的哨音响起,所有人都本能地看向他。这才意识到,时间过得真快,一个半小时不知不觉地就过去了。

"大家辛苦了!服装表演即将开始!我来简单地介绍一下规则。本次服装表演将以组号为序进行,请0组的朋友们到舞台左侧来准备上场。为了保证服装表演会能顺利进行,请下一组的朋友们提前做好准备。注意,每组的时间是五分钟。"

0组的人一脸紧张地站在舞台边,其他人则伸长了脖子。

"女士们,先生们!现在是展示你们天才创意的时候了!我身后这个舞台不属于我,今天,它属于你们!"周老师像主持人一样,高高地举起了右手,"Action(开始)!"

激昂的音乐再次响起,在大家热烈的掌声中,0组的人鱼贯上场,推来推去的,谁也不肯出面说话。

周老师见状,大声问道:"敢问这些朋友,是哪帮哪派的啊?"

几个人回答:"我们是'智猪组'。"

"'蜘蛛组'?"

"不是不是!"可是七嘴八舌的,根本听不清楚。

这时,一个体形魁梧的人抢过话筒,说:"我来说吧!不是'蜘蛛',是'智猪','智慧'的'智',呃……'猪八戒'的'猪'!"

"为什么起这个名字呢?"

"因为我们觉得,'懒猪'是不会有出息的。我们是高科技公司,大家都是有智慧的精英。但是,我们又很羡慕猪一样的生活……"

台下已经笑成了一团。

第 15 章　阶段／项目收尾——一件事做完了，总要有个说法

"两分钟已到，请开始展示！"

台上，或婀娜、或僵硬、或妖冶、或无厘头的身影交叉穿梭；台下，笑声、掌声、口哨声和唏嘘声此起彼伏。

"我们'十七仙女队'，以'娘尽天下为己任'！"

"我们是'狼狗队'，我们的口号是'如狼似虎、狼心狗肺、狼狈为奸'！"

"笑了这么久，你们的肚子疼不疼啊？告诉你们个偏方儿——刚好也是我们队的名字，'柔柔'！"

"坐那儿发什么呆呀，给你！"张丽娜一边擦掉额头的汗，一边递过来一听可乐。

忙乱了一天，朱笑笑累得眼皮儿直打架，但怕出什么岔子，还是强打精神坐在休息区，看着其他人兴高采烈地玩儿着。明知道碳酸饮料不太健康，还是灌了一大口。冰凉的一条线，从口腔一直刺激到胃里，她不由得打了个冷战："你这是奖励我呢，还是想冻死我？"

"抱歉抱歉，我忘了你没运动，怕凉，不像我，现在恨不能一头扎到冰窟窿里！"她一屁股坐到椅子上，歪着头问，"你还真行，从哪儿找的培训师啊，真牛！"

被美女夸奖，感觉不错！朱笑笑得意地说："那当然啦！周老师可是咱们国内第一批搞拓展培训的专业培训师！"

张丽娜夸张地做了个恍然大悟的表情："哦——怪不得！我也觉得他和其他老师不一样，不仅把团队活动安排得井井有条，课更是讲得深入浅出、活泼生动。尤其是组织拍集体照，绝了！"

朱笑笑狠狠地点了点头："你提醒我这个问题之后，我想了半天也没主意。没想到跟他一提，他马上就说'包在我身上'。不瞒你说，我当时也是半信半疑的，可是一看他的开场破冰，我就觉得没问题啦。"

239

朱笑笑闲适地跷起了二郎腿，还在上面重重地拍了一下，丝毫没觉得疼。

"是啊，他上台讲的第一段话，我就一下子被吸引住了。"张丽娜眯着眼，眼前仿佛还在回放着那些精彩瞬间，"而且，整个课程安排既新奇有趣，又紧凑合理。我还从来没在培训课上这么开心过，不仅学会了，更记住了，还交了好多朋友！"

"是啊，以前只听过声音的分公司同事这回终于见到真人了，原来大家都不容易，我一直觉得自己是天下最忙的人呢。"朱笑笑为自己曾经的妄自尊大感到羞愧，"看来，一开始培训就分组是最高效的团队建设啊！"

"最绝的是，他居然会采用'服装表演'这种方式，大家一下子就兴奋起来，表演结束时全都放开了，连乔斌也一改平时谨慎严肃的样子，逗得我笑破了肚皮。怎么想的？"张丽娜咯咯乐着。

"等大家都混熟了之后，由各个小组组长分头组织，小组队员按高低个儿排队，再按先低后高的顺序一排排登上台阶，两百多人站好位置，先后也就用了五六分钟时间，真是让我叹为观止啊！"

"关键是，他把拍照安排在了午饭前，不抓紧时间的话，大家都得吃冷饭，谁还敢磨磨蹭蹭的招人讨厌哪。"

朱笑笑心驰神往，什么时候公司所有任务都能按这个效率运作，那还不无敌了？

"每次开会，我最烦的就是'谁官儿大谁坐中间'的规矩，全都虚情假意地让来让去的，耽误多少时间。其实，坐哪儿不一样，不就拍张照片儿嘛！"张丽娜还沉浸在白天的震撼体验里。

"就是！今天，我看平时最爱面子的李总都挺满意的——他虽然没坐在正中间。"朱笑笑脸色一暗，"可惜的是，时间不够，只能让周老师讲一天……"

"好在安排在了今天,要是昨天听这个,今天开会,我可就要闷死了!"张丽娜夸张地扇着风。

"终于快结束了,我噩梦一般的年会项目。虽然今天的反馈还不错,可还是出了些小问题,让我心里多少还有些遗憾。"朱笑笑抿了抿嘴。

张丽娜伸手在她肩上拍了拍:"就像电影一样,项目也是遗憾的艺术,你已经做得很好了……"

"你说好有什么用?老总们才有最终评判权——他们不验收,我的项目就不算成功啊!"朱笑笑不知不觉又噘起了嘴。

"天空中没有翅膀的痕迹,而你已经飞过……"张丽娜展开双臂,在朱笑笑面前滑翔了一圈又一圈。

知识链接

◎ **对项目最后一个阶段的审核就是项目验收吗?**

它们不完全一样。阶段收尾侧重于项目管理工作,而验收更强调可交付成果的转移。项目如果是在合同条件下实施的话,还会涉及一些法律程序。为了保证项目能"步步为赢",需要提前制定验收程序,包括时间、地点、职责、流程、问题解决方式、验收报告模板等。提前准备好验收清单可以有效规避遗漏检查项,控制相关风险。

◎ **整个项目使用一套阶段验收程序行吗?**

在项目生命周期的不同阶段,验收的重点应与其管理重点相一致:项目早期,确保项目计划真实地反映客户的期望及项目团队的能力,并要与组织的目标一致;项目实施阶段,确保项目在预算内并且按时进行,确保中间可交付成果持续满足客户需求,确保项目目标依然清晰、可实现;项目收尾阶段,保证项目确实满足了相应要求,处理项目的所有结账事宜,确保没有遗漏的尾项,每一项微小的工作都已完成。

◎ 项目验收完成后，项目就结束了吗？

项目验收仅代表最终可交付成果移交给了客户或用户，并非项目完结的标志。项目团队至少还要做三件事：收集、整理相关文件资料，形成项目档案；对整个项目进行综合绩效评估；认真总结经验教训。

此外，如果项目提前终止的话，还需要制定程序，以调查和记录原因。

03 项目总结——成败自有公论

"各位老总，年会已经结束，这是我做的总结，想占用大家几分钟的时间……"

"不就是个年会嘛，每次开会都说，"不等朱笑笑把话说完，伏龙腾很不耐烦地插话进来，"何况已经开完了，有什么好总结的！"

朱笑笑一下子呆愣在原地，不知道该继续说下去还是灰溜溜地坐下，乔斌却一反常态地说话了："做项目就是应该有始有终的，不是验收了就完事了，项目经理必须负起全盘的责任来！"

伏龙腾高高跷起的二郎腿狂抖不停："哪儿有那么麻烦？逮着耗子就是好猫，你什么时候见过猫逮完耗子之后还坐在那儿总结的？"

"一只猫逮的老鼠终究是有限的。"乔斌轻轻摇着头，"公司经营可比猫捉老鼠复杂多嘞！不总结怎么能改进嘞？再说，前端和后端是要相互理解、相互配合的，不是狗熊收苞谷，只顾自己在前面掰，不管后面有没有人跟上……"

伏龙腾虽然越来越听不懂，但也知道他说的是自己。不过，李鄂生刚刚在年会期间私下里告诫他，做销售的一定要和其他部门搞好关系，自己又早已磨炼出什么话都可以不放在心上的厚脸皮，便干脆低

第15章 阶段/项目收尾——一件事做完了，总要有个说法

头发起了微信。

时间似乎冻结了，一时间，所有人都沉默不语。李鄂生清了清嗓子，打破了令人尴尬的寂静："乔总说得对，是该好好总结总结，'不打无准备之仗'嘛，哈哈……"他猛然发觉自己的用词好像有些不恰当，可是一时又想不明白，也收不回来了，只好干笑了两声，"不过，项目总结不能由负责人一个人说了算，那不够客观和全面。这样吧，趁着今天大家都在，各位老总帮着总结总结吧！就请乔总先来？"

乔斌从其他人的表情中已经意识到，自己又犯了一着急就忍不住说家乡话的毛病，赶紧趁机矫正过来："我觉得，这次年会开得很成功。节奏虽然很紧凑，但由于安排合理，并不会让大家觉得疲惫。尤其是培训，形式新颖有趣……"

伏龙腾从鼻子里哼了一声："年会的主要目的，是布置下一年的任务，搞那些花里胡哨的东西有啥子用嘞？能完成新年的目标吗？"

这个"乡下佬"，以为自己会在合同上盖个章就了不起了？要没有我们技术部门拼死支撑，你那牛皮早把天都吹破了！整天就知道耍嘴皮子，一点儿实事不干，还把谁都不放眼里！如此粗鲁的行为，也不怕丢公司的人！看样子，我今年还真得好好"配合"他们销售了！乔斌心里不高兴，但一来刚才伏龙腾并没有接自己的话，这已经是给过自己面子了，二来也不愿意自贬身价和他公开较劲，只得淡淡地说："伏总喜欢脚踏实地地工作，当然最好！可公司要是不做广告宣传、团队建设这样'花里胡哨'的工作，恐怕死气沉沉的氛围就把客户吓跑了。"

他特意把"脚踏实地"几个字说得字正腔圆。不等伏龙腾有任何反应，他马上接着说道："再说了，我们现在是对本次年会的筹划与组织情况做总结，至于任务制定得是否合理、新年目标能否完成，可不是他们HR的职责。"

伏龙腾一下子找到了反击的突破口："乔总真是说到点子上了！

HR 主要负责年会的筹划和组织，那么我请问一下，为什么我的手下千里迢迢地赶回来，却没有房间住？"

这能怪我吗？明明那个人不在名单上嘛，又不提前打招呼，还在前台跟我大吵大闹，当着那么多人的面说那些话，当时自己真想找个地缝儿钻进去！朱笑笑越想越委屈，自己平白无故挨了骂不说，现在反而还说自己的不是！她一时又气又急，不知道该怎么解释。

梅胜男见状，把话茬儿接了过来："伏总说的是实情。不过据我所知，您的那位手下并没有按照规定提前入住，而是2月4日当天才到达年会现场的，而且他的名字并没有出现在与会人员名单里。"

伏龙腾一抬眉毛："年会这么重要，我临时决定让他来听听，难道连这点权力都没有吗？连这点儿小事都处理不好，你们怎么做的风险预案？"

梅胜男不怒反笑："伏总说的是，我们一定吸取教训，下次再碰到类似的情况，不再央求酒店临时加床，挤占其他员工的休息空间，而是动用应急资金，给他们安排舒适的单间——即便超出公司规定的标准也在所不惜！"仿佛没有看到伏龙腾一阵红一阵白的脸色，她继续说道，"如果不幸遇到这次恰巧没有多余房间的情况，我们将把他安排到临近的酒店去，并且指派专车接送。或者，也可以提前给所有可能与会的销售预订好房间。"

伏龙腾一时窘在那里，心里暗自骂道：瓜批（四川方言中最常用的脏话）！就知道告状，也不说清楚到底咋个回事，搞得我这么被动！回去找他算账！心知理亏，他嘴上可不能服软："那倒不必了！不过，多预订一两间房做备用，也不为过啊！"

陆克静开口说话了："那提前统计与会人员清单还有什么用啊？干脆包下整个度假村，谁想去谁去得了。"

李鄂生眼看着伏龙腾越来越被动，一边恨他管不住自己的嘴，一

第 15 章　阶段／项目收尾——一件事做完了，总要有个说法

边不得不出面制止："各位老总都很忙，我们就不要在细节上纠缠了。新年伊始，大家更要精诚合作，一起为完成董事会定下的目标努力呀！"嘴上说的是"大家"，眼睛却狠狠瞪了伏龙腾一眼，然后看向乔斌，"乔总的话还没说完——"

乔斌早被这些毫无意义的争论扫了兴致，又恢复了一贯的没有表情、没有意见状态，只是默默地摇了摇头。

李鄂生想了想，又转向唯一没有吱声的汤树人："老汤，你觉得呢？"

汤树人对李鄂生明里欢迎合作伙伴参加年会，实际上根本没有批准相关预算的做法颇有意见，但又不能摆到桌面上讲，也摇头表没意见。李鄂生见无人救场，只得没话找话："各位老总都没什么意见，说明这次年会开得还是不错的，虽然仍有些小问题，但瑕不掩瑜嘛！呵呵！Julia，你根据老总们的意见再总结一下，发给大家吧。散会！"

朱笑笑简直听傻了：老总们都提什么意见了？

梅胜男则暗自叹息：年会项目，又不了了之了。

知识链接

◎ **项目总结应该由谁做？**

项目总结的目的，主要是通过收集、分析和评估项目过程信息，找出相关经验教训，升级相关数据库，项目中的每个干系人都可以参与这一工作。但为了保证重要信息不散失，项目经理及其管理团队应负责组织这一工作。

◎ **项目总结都要收集哪些信息？**

记录着项目过程的所有重要信息都需要收集，比如项目背景、环境及可行性研究报告；项目干系人及其需求；项目目标、相关基线及其变化；项目实施计划及其变化；相关合同及其履行记录，包括但不

限于招／投标书、合同及补充协议、会议记录、方案及实施记录、交付与验收及其他履约记录；风险管理计划、应对计划、相关储备及其使用情况，风险管理过程记录；项目团队成员绩效评估信息……

◎ 项目总结应该包括哪些内容？

不一而足。至少应包含如下内容：项目过程概述与回顾，项目可交付成果验收情况，满足干系人需求情况，项目绩效评估结果，项目目标完成度，相关经验教训。

04 项目后评估——故事远未结束

真好闻哪！远远的，就有一股奇异的香味飘来，夹杂着一丝丝甜、一点点酸，仿佛还隐约透出点玫瑰的芬芳，仔细闻去，却又换成了菊花的清新气味。等端到眼前，朱笑笑更是轻轻惊呼："太美了！"

晶莹剔透的花草茶壶里，沉着深红、绛紫的花果碎，正随着底座上的烛光上下轻舞，而水面上又漂浮着半开的菊花花蕾，伴着水温升高悄然绽放。同时水也慢慢变了颜色，刚开始时只有下面薄薄的一层玫红色，慢慢地，玫红色越来越深、越来越浓，而它上面的水则渐渐析出了淡淡的粉色轻雾，轻雾袅袅升起，渐次牵引出桃红、石榴红等多种层次，水面漂浮的菊花也缓缓变成了奇异的香槟色……如此美丽，让人怎么舍得喝呢？

见朱笑笑目不转睛的样子，梅胜男笑了："我第一次看到的时候，也是和你一样惊喜，不忍破坏它的美丽。不过，"她端起壶来，先给朱笑笑倒了一杯，示意服务员添水后，又放回到底座上，"它毕竟不是用来看的。你尝尝吧，味道更是出乎意料呢——这可是这家店的特色！"

道了谢，朱笑笑却不敢下口。老总请自己喝茶，还亲手给倒上，是什么意思呢？这可不是她的风格呀？

看出朱笑笑的疑虑，梅胜男摇摇头，缓缓说道："看样子，还是我平时在公司里太严厉了。不过，今天请你来，是以一个朋友的身份，你不要太拘束。"

能不拘束吗？你一贯严肃得像个机器人，你自己是看不见！听"梅超风"这么说，朱笑笑更无法放松下来了。

"呃，怎么说呢？"梅胜男犹豫着，然后下定决心似的抬起头，直视着朱笑笑的眼睛，"我也不会绕弯子，干脆直说吧！年会已经过去半年了，你有什么想法？"

啊？半年了都没什么说法，怎么今天想起来特意问这个了？朱笑笑更加摸不着头脑："啊……这个……嗯……让我怎么说呢？"

梅胜男鼓励地看着她："有什么说什么。记着，我现在不是老总，你也不是我的下属，我们平等地来聊聊。"

朱笑笑一咬牙，说："要这样，我可就直说了啊！我对老总们很不满意！"话匣子一打开就再也关不上了，她把这半年多来的委屈、怀疑、愤懑、失落，一下子都抖了出来。

梅胜男听着朱笑笑的抱怨，一会儿蹙眉深思，一会儿微笑不语，大部分时候，还是保持了她最常见的状态——没有表情。"完了？"突然听不到声音了，她仿佛吓了一跳。

"完了。"朱笑笑觉得发泄完了，也一下子就神清气爽了，心里无比畅快，并且也做好了"梅超风"翻脸的准备——大不了我走人呗！

梅胜男轻轻点了点头："你说的，我都知道，也很理解——我刚开始工作的时候也是如此！我只想问你一句话，你后悔吗？"

一句"也是如此"一下子拉近了二人的距离。朱笑笑想了想说："我虽然有这么多不满，但说实话，我不后悔——毕竟我也学到了很多东西，不做这个年会项目是学不到的。"

梅胜男赞许地看着她，温和地笑了："我果然没有看错你，只有好学的人才值得培养。我也知道，年会项目是个费力不讨好的任务，做好了没人鼓掌，可有任何疏忽都会有人揪着你不放。你知道我为什么让你来做这个项目吗？"

朱笑笑歪头想了想，试探着问："因为我年轻好学？"

"不全是。"梅胜男摇摇头，又停顿了一下，"因为你是唯一的人选！"

"为什么？安为善不是老 HR 吗？"朱笑笑大吃一惊。

"正因为他是老 HR，反而不适合做这件事。一方面是他并不精通这块业务，另一方面也是……他自身的原因。"梅胜男斟酌了一下，使用了这种模棱两可，但两人都心知肚明的说法。

"至于我……"梅胜男低头想了想，像是下了很大决心似的，抬起头来，一字一句地说，"我可能要离开公司了。"

"啊？"朱笑笑往前一蹿，差点儿把椅子碰倒了，引来一片诧异的目光。

"近一年来，我常常不在公司，我知道你们有许多怨言。"梅胜男摆了摆手，示意朱笑笑不必否认，"其实，是我家里出了点儿事儿——我父亲患上了绝症，我一直在想尽办法为他求医。"

原来如此！看着梅胜男那消瘦的双肩、眼窝深陷的脸颊，朱笑笑心里涌出无限的同情，却不知道该怎么安慰她。

梅胜男轻吸一口气，接着说道："我是在单亲家庭里长大的，我和父亲是彼此的唯一。前几天，医生告诉我，他……时间不多了……"

空气凝固了，时间凝固了，思绪凝固了。

还是梅胜男自己打破了沉默："其实，自从化验报告结果出来那一天，我就做好了心理准备，并开始做各方面的准备工作——这也是我对你特别严厉的原因。现在经济形势不好，找份工作不容易，要是不学些过硬的技能，将来怎么办？"

"梅总……"朱笑笑心里百味杂陈，不知道该怎么表达。

梅胜男笑了笑："你不用感谢我，当年，我的老总也是这么对我的。对了，汤总告诉我，他的助理已经提出辞呈，预计一两个月就离职了。他对你很欣赏，希望能通过我问问你的想法。"

"我……我并没为汤总做过什么事，他怎么……"

"一个年会项目就够了。你别看大家表面上不说什么，心里都有杆秤。"梅胜男把两只手都摆上桌面，"是留在行政部，还是去渠道部，你自己好好考虑考虑吧。"

"梅总……您能给我点儿建议吗？"朱笑笑没想到，做个年会居然能获得这样的机会，更没想到的是，过了半年，年会项目的效果才显现出来。

"凡事有利有弊，主意还得你自己拿。"梅胜男的目光迷离起来，不知放在了什么地方，"而且，很多选择到底是对是错，得过很长时间才能显现出来。你只能在不完全掌握这些信息的情况下，自己做决定，并且为自己的决定负责。"

我该怎么选择呢？朱笑笑也陷入了深思。

窗外，夏雨正酣。

知识链接

◎ 一个项目是否成功，到底由谁说了算？

首先，项目干系人说了不算，因为他们和项目"有干系"，所以不可避免地带着各自的立场和评价角度，无法做出客观公正的判断；其他人与项目"没有干系"，甚至不了解项目的来龙去脉，对项目更是无法做出判断了。对项目是否成功拥有最终甚至是唯一发言权的，是时间。只有时间，可以抛开项目当时的各种影响，给出较为客观的评判——这就是项目后评估的意义和价值。

◎ 几百上千年都过去了，要经验教训还有什么用？

对人类社会而言仍然有用，对项目和组织来说，确实太久了。所以，我们需要等项目结束一段时间，或许是六个月，或许是一两年后，再回头来判断其成败得失。

这就是项目后评估。它是指项目建成投产、生产运营一段时间后，对项目立项决策、设计施工、生产运营等全过程进行系统评估的一种技术经济活动，是项目管理的一项重要内容，也是项目管理的最后一个环节。

通过项目后评估，可以解决这些问题：项目目标是否达到、项目效益如何、项目是否合理有效、项目成败的原因是什么等。

通过项目后评估，可以找出成败的原因，总结经验教训，并通过信息反馈，为未来新项目的决策和提高项目管理水平提供参考。同时，也可以对项目实施中的问题提出建议，提高项目效益。

◎ 应该由谁组织项目后评估？

可以由项目经理组织，也可以由组织通过正式的程序指定专门人员来召集。但无论谁来承担这项任务，项目经理均应以书面形式总结出项目管理过程中的经验教训：在项目管理过程中用到了哪些技术和方法；哪些地方值得推广，哪些地方今后应避免；项目执行中出现过哪些问题，这些问题是采用了哪些方法解决的，当时为什么采用这些方法，有没有更好的方法等。

◎ 谁来参与项目后评估？

组织内外部干系人都可以参与，如项目经理、项目小组关键成员、客户、用户、主要承包商、发起人、主管机关甚至独立评估人等，要保证他们给出的评估意见不带偏见。

◎ 项目后评估怎么做？

步骤很简单：

- 依据组织制定的相关规定，成立项目后评估小组，制订项目后评估计划。

- 确定项目后评估问题清单。
- 确定项目后评估小组组员的角色和权重。
- 通过会议、调查问卷等方式，收集各个组员对各个项目后评估问题的评价意见。
- 汇总分析项目后评估数据，出具项目后评估报告。
- 更新组织相关数据库。

◎ **项目后评估都要评估哪些方面？**

可以从很多方面对项目进行综合性后评估。

第一，项目目标后评估。对照原目标检查实际达标情况，分析变化原因，以判断目标的实现程度；对项目原定决策目标的正确性、合理性和实践性进行分析评价。

第二，项目实施过程后评估。通过全过程的分析评估，找出主观愿望与客观实际间的差异，发现导致项目成败的主要环节和原因，提出相关建议和措施，使以后同类项目的计划和目标制定得更加切实可行。此类后评估具有工作量大、涉及面广的特点，分四个阶段：前期工作中的决策过程评价，设计和施工准备过程评价，建设实施到竣工验收阶段的评价，投产、交付使用后生产经营和效益的评价。

第三，项目经济后评估。以会计、统计的实际数值为依据，将项目产生的实际效益或产出与实际发生的投资、成本或投入相比较，判断当初在立项、决策时是否值得投资。需要注意的是，投资效益既指财务效益，又指国民经济效益；既包括经济效益，又包括社会效益和环境效益。

第四，项目影响后评估。

主要包括：

- 经济影响评价，主要分析评价项目对所在地区、所属行业和国家所产生的经济方面的影响。

• 环境影响评价，一般包括项目的污染控制、地区环境质量、区域生态平衡等几方面。

• 社会影响评价，对项目在社会经济发展方面的有形、无形效益和结果的分析。无论怎样，我们都应认识到，每个项目——无论成功或失败——都应当被看作一次学习的机会。

骡比马好论